25

10e

Je m'appelle Bosnia
de Madeleine Gagnon
est le huit cent unième ouvrage
publié chez VLB éditeur.

La collection « Fictions »
est dirigée par Jean-Yves Soucy.

L'auteure a reçu du Conseil des Arts du Canada une bourse pour l'écriture de ce roman.

VLB éditeur bénéficie du soutien de la Société de développement des entreprises culturelles du Québec (SODEC) pour son programme d'édition.

Gouvernement du Québec – Programme de crédit d'impôt pour l'édition de livres – Gestion SODEC.

Nous reconnaissons l'aide financière du gouvernement du Canada par l'entremise du Programme d'aide au développement de l'industrie de l'édition (PADIÉ) pour nos activités d'édition.

Nous remercions le Conseil des Arts du Canada de l'aide accordée à notre programme de publication.

Je m'appelle Bosnia

Principaux ouvrages de l'auteure chez VLB éditeur et Typo

Poésie

Au cœur de la lettre, Montréal, VLB éditeur, 1981.
Chant pour un Québec lointain, Montréal, VLB éditeur, 1990.
La terre est remplie de langage, Montréal, VLB éditeur, 1993.
Rêve de pierre, Montréal, VLB éditeur, 1999.
Le chant de la terre (Poèmes choisis 1978-2002), choix et préface de Paul Chanel Malenfant, Montréal, Typo, 2002.

Romans et récits

Lueur, roman, Montréal, VLB éditeur, 1979.
La lettre infinie, récits, Montréal, VLB éditeur, 1984.
Les cathédrales sauvages, récits, Montréal, VLB éditeur, 1994.
Le vent majeur, roman, Montréal, VLB éditeur, 1995.
Le deuil du soleil, récits, Montréal, VLB éditeur, 1998.

Essais

Toute écriture est amour, textes réunis et présentés par Jeanne Maranda et Maïr Verthuy, Montréal, VLB éditeur, 1989.
Les femmes et la guerre, préface de Benoîte Groult, introduction de Monique Durand, Montréal, VLB éditeur, 2000.

Madeleine Gagnon

Je m'appelle Bosnia

Roman

vlb éditeur

VLB éditeur
Une division du groupe Ville-Marie Littérature
1010, rue de La Gauchetière Est
Montréal (Québec) H2L 2N5
Tél.: (514) 523-1182
Téléc.: (514) 282-7530
Courriel: vml@sogides.com

Maquette et illustration de la couverture: Louise Durocher

Catalogage avant publication de Bibliothèque et Archives Canada

Gagnon, Madeleine, 1938-
Je m'appelle Bosnia
(Fictions)
ISBN 2-89005-895-6
I. Titre.

PS8576.A46J4 2005 C843'.54 C2005-941064-7
PS9576.A46J4 2005

DISTRIBUTEURS EXCLUSIFS:

• Pour le Québec, le Canada et les États-Unis:
LES MESSAGERIES ADP*
955, rue Amherst, Montréal, Québec H2L 3K4
Tél.: (514) 523-1182
Téléc.: (450) 674-6237
* Filiale de Sogides ltée

• Pour la Belgique et la France:
Librairie du Québec / DNM
30, rue Gay-Lussac, 75005 Paris
Tél.: 01 43 54 49 02
Téléc.: 01 43 54 39 15
Courriel: liquebec@noos.fr
Site Internet: www.quebec.libriszone.com

• Pour la Suisse:
TRANSAT SA
C.P. 3625, 1211 Genève 3
Tél.: 022 342 77 40
Téléc.: 022 343 46 46
Courriel: transat-diff@slatkine.com

Dépôt légal: 3e trimestre 2005
Bibliothèque nationale du Québec
Bibliothèque nationale du Canada

ISBN 2-89005-895-6

Pour Mirheta et sa petite Esma

Nous irons par l'autre bout des choses explorer la face claire de la nuit.

LORAND GASPAR

Fuir n'est pas seulement partir, c'est aussi arriver quelque part.

BERNARD SCHINK

PREMIÈRE PARTIE

Bosnie-Herzégovine

I

« Longtemps, j'ai connu le bonheur. »

Du fin fond de sa forêt dans le maquis bosniaque et au plus profond de sa jeune solitude, Bosnia s'adressait ainsi aussi bien à elle-même qu'à l'univers entier. L'avait-elle criée, cette phrase, ou tout simplement murmurée ? cela avait peu d'importance. Mais une chose était certaine : longtemps, elle avait connu le bonheur et elle ne le connaissait plus.

Elle quitterait ce pays, elle partirait, ça, c'était certain, vers quoi ? elle ne le savait pas. Mais elle savait que la vie elle-même l'avait la première abandonnée bien avant cette guerre. Et qu'en partant elle aurait la force d'ouvrir la porte arrière de la vie et de marcher seule dans le noir. La force et le courage. Elle n'avait pas construit dans sa tête une philosophie du désespoir ainsi qu'elle en avait connu dans ses livres de philosophie, à l'université de Sarajevo. Elle n'avait pas prévu depuis des siècles des issues de secours par lesquelles elle pourrait s'évader, se jeter hors de la terre à travers de longs escaliers mous qui finissent dans des nuages d'oreillers sur lesquels on peut enfin se rendormir tranquille, puis se réveiller un bon matin, un amant dans ses bras.

Elle avait déjà connu sa dose de catastrophes personnelles quand, un jour, une évidence la terrassa. Mais contrairement à la lumière céleste qui fit tomber de sa monture le Paul chrétien sur son chemin de Damas, sa certitude foudroyante à elle était faite d'une telle obscurité que seule la présence d'étoiles dans la nuit opaque l'empêcha de débouler à travers les galaxies. Et encore, ces étoiles, il fallait bien qu'elle les imagine. Que, par sa seule mémoire encore chaude, elle les ressuscite en quelque sorte et, grâce à elles, une assurance demeurait intacte. Le dos à son pays, marchant vers son destin de réfugiée errante, elle la résumerait ainsi: si, depuis la nuit des temps, la guerre existe, la guerre et les tortures, les viols et toutes les pornographies, c'est pour la seule et unique raison que des êtres, et nombreux, aiment ça, tuer.

Quand on a compris ça une bonne fois pour toutes, quand on a saisi cette horreur en pleine face et en travers et dans toutes ses dimensions, on atteint l'autre versant du malheur. Soudain, l'on sait ce que fut le bonheur. Et s'il fut, voilà le paradoxe, il est encore d'une certaine façon, du moins peut-il revenir, c'est déjà ça.

Ce fut dans le maquis de la forêt profonde que Bosnia comprit l'amour de la mort. Cela s'est passé après avoir enterré son père, assassiné en combattant vaillamment. Elle aurait pu être tuée elle aussi, ou bien violée et emmenée comme chair à plaisirs et à plaies dans les bordels de fortune des ennemis, mais le sort en décida autrement.

Elle revenait avec un lapin de garenne accroché à sa ceinture, son père saurait le rôtir comme pas un, elle imaginait sa joie à la voir arriver, fière de sa prise, et leur fête à le déguster, ils avaient si faim, elle était toute à ce plaisir quand elle entendit la détonation et qu'elle vit, un peu plus tard, en s'avançant à pas feutrés à travers les buissons, son corps étendu dans les feuilles, puis les yeux dans le vide et le filet de sang qui coulait de l'oreille jusqu'au cou. On voyait la trace de leurs bottes et, à côté de la main encore chaude, la douille de cette cartouche meurtrière qu'elle lança très loin de toutes ses forces, mais sans cri ni larmes, elle voulait tout autour douceur et silence pour accompagner le grand passage vers l'au-delà imaginé serein, elle ne savait pas pourquoi.

En se penchant pour fermer les paupières de son père, elle vit sur le haut de sa joue une petite saillie de peau qu'elle n'avait jamais aperçue et qui faisait comme une larme de chair à celui qui, vivant, avait si peu pleuré. Pour lui, elle tenta de se remémorer les versets du Coran sur la mort. Peu de mots surgissaient des ténèbres, en elle qui n'avait pas mis les pieds dans une mosquée depuis le drame, il y avait si longtemps. Étrange, mais ce fut au son d'une partita de Bach remontant du fond de son oreille, ce fut du labyrinthe intérieur que cette phrase seule sortit de sa bouche à l'intention de son père mort: « Au nom de Dieu, le Tout-Maternant, le Clément*. »

Elle se souvint alors que, dans l'un de ses cours de philosophie à l'université de Sarajevo – c'était, croyait-elle, le cours sur Platon –, le professeur leur avait expliqué que le Dieu antéislamique était une figure féminine, ainsi que le dit l'étymologie Al-Lât. Alors qu'elle psalmodiait cette seule phrase revenue au son des quelques mesures d'une partita de Bach, son père devint dans la mort comme une mère avec sa larme de chair, et elle put l'enterrer en paix, plaçant à ses côtés, dans sa tombe creusée de ses mains nues, le lapin de garenne pour un festin d'outre-vie, « sait-on jamais », se dit-elle, pensant aussi que cette félicité qui semblait sienne maintenant délivrerait peut-être son épouse de cette folie tombée sur elle depuis les débuts de la guerre, elle, si vive, alerte et aimante, aujourd'hui emmurée dans le grand silence de l'asile psychiatrique, et le sien. « Maman, reviens », dit-elle tout bas, en inhumant son père.

* Traduction de Youssef Sedik.

Dans la forêt du maquis, par l'amour en-allé de son père vers une éternité d'énigmes, Bosnia comprit une fois pour toutes l'amour de la mort qui meut les assassins depuis la nuit des temps. Et son père, devenu une mère Al-Lât avec sa larme de chair, la fit enfin atteindre l'autre versant du malheur, là où l'on peut se souvenir du bonheur, et, par la mémoire, le faire exister. De là où l'on peut partir et faire si l'on veut le tour de la terre sans mourir.

Elle avait eu l'illumination de l'obscurité la plus opaque, celle seule qui permet la vision des étoiles.

Avant de quitter son pays, avant de devenir une réfugiée errante, elle retournerait embrasser sa mère à l'hôpital psychiatrique de Sarajevo.

Car, malgré toutes ses certitudes venues des champs de la désolation, elle se demandait encore ce qu'est la folie. Et Bosnia se murmurait : « Ma pauvre mère, même si je ne la comprends pas, je la prendrai dans mes bras. Je lui chanterai une berceuse dans laquelle son homme Ismet sera devenu pour l'éternité un saint. Un héros. Je lui chanterai qu'Ismet n'a eu de femme qu'elle. Et d'amour, que nous, elle, mon frère, moi. Je lui dirai qu'un jour, lorsqu'elle sera guérie de son malheur de vivre, je reviendrai la chercher avec mon frère pour la conduire sur une terre de paix que je m'en vais trouver. »

Dans la forêt profonde, elle comprit soudain l'amour de la mort, celle que l'on donne et celle que l'on reçoit.

Pour son père Ismet, ne pouvant préparer le corps, mais l'enterrant tout de même avec son chant sacré remonté des ténèbres et du labyrinthe de l'âme, elle s'improvisa *bula** et accéda ainsi au palier de la vie où les énigmes semblent enfin se résoudre.

---

* *Bula* : femme musulmane qui prépare les corps pour l'enterrement.

Étant habillée depuis des mois de sa tenue de combat – jeans, chandail, parka et cheveux ras, poignard à la ceinture (c'est son père qui le lui avait donné lorsqu'ils avaient décidé de rejoindre le maquis) –, Bosnia ne pouvait non plus revêtir le voile comme l'eût exigé une cérémonie funéraire normale, mais plus rien n'est normal dans la guerre. Par respect, elle fit le geste de se couvrir la tête avec, dans ses mains tremblantes, un tissu vaporeux, invisible. Dans cette posture aérienne, elle fit la promesse à son père de porter le foulard quand elle serait redescendue au fond de leur vallée de malheur, elle qui n'avait cru ni à Dieu ni à Diable depuis si longtemps et qui ne s'était jamais affublée de ce signe d'une religion pour laquelle on venait les massacrer jusque dans leurs maisons et leurs jardins tranquilles.

Elle fit cette promesse, comme si dans la mort de son père elle épousait les croyances de ses pères et grands-pères dont il lui avait tant parlé.

Quant à ses mères et grands-mères, il ne lui en avait rien dit. C'est sa mère qui avait parlé d'elles, ainsi le voulait la tradition.

Sur le palier des énigmes résolues, du moins était-ce ainsi qu'elle comprenait de façon fulgurante l'amour humain de la mort, avec le verset du Al-Lât féminin remémoré, la musique de Bach résonnant sur les parois du labyrinthe intérieur, elle fit cette promesse à son père Ismet enterré. Et sans larmes. Prête au combat de la vie qui l'attendait.

Elle décida de quitter son pays. D'aller là où il n'y a pas de guerre. Des pays en paix, malgré les apparences, la terre en est remplie. Elle se demandait bien de quoi est fait le combat de la vie, là où ça ne tue pas. Est-ce même possible ?

II

En décidant de quitter la Bosnie-Herzégovine, elle s'était donné comme surnom Bosnia – non pas qu'elle détestât son ancien prénom, Sabaheta, elle le trouvait juste un peu vieillot, mais, en partant, elle avait ressenti ce désir de faire peau neuve. S'appeler Bosnia, c'était se donner une nouvelle vie sans trahir l'ancienne, c'était quitter son pays sans l'abandonner tout à fait.

Partir, c'est mourir un peu à soi-même. Et c'est vivre beaucoup cet autre qu'on a si souvent rêvé de devenir. S'il faut le départ et l'ailleurs pour y parvenir, c'est bien chez soi que le rêve est d'abord imaginé. Pour Sabaheta, s'appeler là-bas Bosnia serait rendre tribut à l'ici où le rêve avait germé.

Si elle connaissait son nouveau nom, elle ne savait toutefois pas très bien quel serait ce là-bas vers lequel elle irait. En attendant, elle descendrait à Sarajevo, se rendrait chaque jour si c'était possible à l'hôpital psychiatrique, pour prendre sa mère dans ses bras, parler à la muette qu'elle était devenue, la bercer, lui chanter des chansons, la laver, peigner ses longs cheveux gris et défraîchis. Elle attendrait la fin de la guerre, ou bien la fin des temps s'il n'y avait pas d'autre temps que la guerre. Elle attendrait, puis elle consolerait sa mère de la mort de son Ismet et de la mort de tout.

Sans son père à ses côtés, elle ne se battrait plus, c'était décidé. Pour se battre, il aurait fallu rejoindre les autres gars rencontrés dans le maquis, mais, sans son père, elle n'avait plus de protection, son corps de femme deviendrait pour les anciens camarades un territoire à ravager, un abri à défoncer, une maison à mettre à sac, une cantine à dévorer, c'était comme ça depuis toujours, le viol, elle l'avait connu dès que son corps d'enfant s'était mué en corps de femme, la vie d'adulte, elle n'avait pas eu le temps de la voir venir, cette vie-là était morte dans l'œuf, la guerre, c'était dans son corps à elle encore enfant qu'elle l'avait d'abord apprise.

Elle attendrait la fin de la guerre ou bien la fin des temps et puis elle partirait. Vers où ? Elle ne savait pas au juste. Mais elle comprenait que là-bas une autre en elle allait peut-être vivre, rêvée maintenant sous ce petit nom Bosnia.

Elle attendrait, qui sait, la guérison de sa mère, c'est si mystérieux, la folie. Où qu'elle se trouvât après la guerre, elle suivrait des cours de psychologie – et peut-être de médecine – pour mieux comprendre les maladies de l'esprit. Et si sa mère guérissait, elle l'emmènerait au pays des recommencements, ça, c'était certain. Autrement, elle devrait la laisser derrière, car elle n'imaginait aucun pays ouvrir sa porte à la folie des autres, « on a bien assez de nos propres folies », pensaient les autres pays, croyait-elle.

Comme elle n'avait plus de lieu où loger, elle s'en irait voir si ses amies de l'université de Sarajevo vivaient encore. Elle irait frapper aux portes d'Adila, d'Esma ou bien d'Amila, leur demanderait au moins un coin pour dormir et de quoi se laver et de quoi manger un peu, elle avait si faim. Elle commencerait par Adila, car avant la guerre elles cohabitaient durant l'année scolaire dans un minuscule mais joli appartement. Avec ses parents, elle avait vécu depuis toujours dans une maison de village en lisière de forêt, pas très loin de Tuzla. Dès le début de la guerre, la maison avait été rasée, les récoltes, brûlées. Ils s'étaient cachés d'abord chez des voisins et amis, qui, par chance, se trouvaient du bon côté des choses – ils étaient de même ethnie que les adversaires conquérants, et de même religion, ça va ensemble –, puis un jour, ou plutôt une nuit, ils avaient dû s'enfuir, cela devenant pour tous trop dangereux de rester là.

Comment avaient-ils réussi, par monts et par vaux et après combien d'épreuves, à parvenir jusqu'à Sarajevo – là où leur peuple était majoritaire, là où ils avaient cru naïvement qu'ils seraient tranquilles malgré le dépaysement ? Ça, on dirait qu'elle ne voulait plus s'en souvenir tant les embûches avaient été constantes et multiples, les malheurs. Bosnia se disait qu'un jour, au pays des recommencements calmes, quand elle se serait lentement guérie de tant d'afflictions, elle reverrait une à une les péripéties de ces campagnes d'hostilités. Elle les considérerait chacune, les analyserait, croyait-elle, pour mieux les digérer. Elle se souvenait d'un cours sur la catharsis dans la tragédie grecque, que son éminent professeur Lutvo H. avait liée à une pensée de Freud. Mais elle avait oublié le raisonnement de son professeur. Comme ce dernier, tué par un sniper dès le début de l'assaut sur Sarajevo, la démonstration s'était évanouie dans les limbes de l'entendement.

Non, Bosnia ne voulait pas se souvenir pour l'heure. Toute à sa survie, elle sentait même qu'avant le départ, pour sa santé et, qui sait, la santé revenue de sa mère, elle avait un devoir d'oubli.

Et puis, malgré toute logique, elle attendait encore son frère Mumo, de quatre ans son aîné, son meilleur ami, avant la guerre, son allié le plus fidèle, elle l'appelait « Mumo, mon jumeau ». Contre toute logique, puisque lui avait été enlevé au tout début des hostilités, il revenait de la rivière avec ses truites quand il avait surpris les paramilitaires en train de piller maison et bâtiments, d'incendier et de tuer tout ce qui bougeait, vaches, lapins, chiens et chats – et même les oiseaux –, des voisins les avaient vus alors se ruer sur Mumo, le rouer de coups, le ficeler et le jeter parmi les outils dans leur camion bâché. Un voisin racontait que, au début de la ruée, Mumo avait tenté de cacher dans son havresac ses truites pendues à une branche, comme s'il n'avait pas tout de suite réalisé ce qui se tramait, comme si les priver de sa pêche pouvait encore, comme par magie, repousser la guerre qui chargeait. Un autre voisin disait avoir vu de sa cache le regard incrédule de Mumo: « Ton frère ressemblait à ce moment-là au jeune garçon qui venait gambader chez nous quand il avait six ans » et tous ajoutèrent: « Tu sais bien, petite Sabaheta, qu'ils l'ont massacré et tué, voyons, un jeune homme robuste et vigoureux comme lui, c'est la meilleure chair à kalach. » Mais Sabaheta ne voulut pas l'admettre.

Et Bosnia attendait toujours le retour de Mumo.

« J'attends le retour de Mumo », se disait-elle. J'attends la fin de la guerre. J'attends la fin de la folie de ma mère. À travers les ronces, les sous-bois, la forêt, les ruisseaux, les rochers à grimper, les cachettes, à travers les dangers, la peur et le froid, la faim et l'effroi, j'attends de parvenir à l'une des sept collines d'où j'apercevrai Sarajevo, mon amour de ville qu'un jour je quitterai, j'attends d'y descendre à la nuit noire, de me glisser dans ses entrailles visqueuses de sang et dans son ventre brûlant de feu, j'attends en marchant. »

Un soir, pour s'endormir dans une petite tranchée de fortune qu'elle s'était creusée, elle se dit que ses deux draps, son oreiller et son duvet rêche, fabriqués à même l'étoffe de la terre et de ses feuillus, elle se dit qu'au fond cette couche-là constituait une vraie richesse. Vu le froid, elle n'avait laissé d'ouverture que pour les yeux, le nez et la bouche, ce qui avait demandé un temps infini de minutieux travail, et alors, depuis la terre où elle se trouvait allongée, elle vit la lune toute pleine et bleue de lumière à travers les branches craquantes sous la brise, se sentit remplie de gratitude envers ce lit, cette terre, cette lune et son ciel, pensa à son frère Mumo qu'un miracle ramènerait, à son père Ismet reposant pour toujours dans le même sol, se souvint tout à coup de Giono qu'elle avait tant aimé lire au collège, dans ses cours de littérature française, récita des phrases, apprises par cœur, de *Regain* ou bien de *Colline* et se dit « c'est là, en Provence, que j'aimerais partir ».

Puis, avant de s'endormir, elle se mit à nommer ces pays des livres qui avaient ouvert pour elle les portes du rêve de partance. La France, parce que le français avait été son premier choix d'apprentissage d'une langue étrangère, mais pas trop lointaine. La France, pour l'amour qu'elle avait toujours porté, depuis ses premières lectures, à la littérature. L'Angleterre, parce que l'anglais avait donné Shakespeare, Joyce, Dylan Thomas et les Rolling Stones (elle se rappela avec délices l'année passée en Grande-Bretagne, dans un collège chic, quand elle avait remporté une bourse d'État, du temps de la Yougoslavie). L'Égypte, à cause des pyramides, du Nil, du *Quatuor d'Alexandrie* de Durrell et parce qu'elle désirait connaître au moins un pays arabe, rencontrer ses coreligionnaires – sans doute seraient-ils plus sympathiques à sa cause, rêvait-elle, mais, au fait, avait-elle une cause ? Puis elle pensa au Grand Nord canadien, au pays des glaces, des Inuits et des Innus, là où il n'y avait jamais eu de guerre, jamais eu de sang sur le sein blanc des parterres – sauf celui des rennes et des phoques que l'on tue en priant juste pour survivre et celui des femmes qui accouchent dans les igloos –, elle n'avait lu que des histoires fantastiques sur le Grand Nord canadien, ses espaces immenses et la liberté de son temps égrené lentement dans l'hiver.

Elle attendait et se demanda cette nuit-là, avant de s'enfoncer dans le sommeil, si l'attente faisait partie du voyage. Attendre, n'est-ce pas déjà partir ?

III

Bosnia entra dans Sarajevo par un matin tout calme – les assaillants des collines avaient-ils déguerpi ou s'étaient-ils tous assoupis ? la guerre serait-elle terminée ? est-ce que ça ne s'annonce pas, une guerre qui prend fin ? c'est avec toutes ces questions, et bien d'autres, qu'elle se faufilait, épuisée, dans les rues et ruelles de sa ville endormie.

Pour elle, cette nuit, l'aurore s'appelle bonheur. Il y a trois raisons à sa joie. D'abord, elle retrouve sa ville dont elle s'est enfuie sous la terreur des obus, du feu et des snipers, avec son père Ismet, après avoir confié la mère hurlante et délirante depuis des semaines à l'hôpital psychiatrique. Puis, apercevant le filet vert de lumière à l'horizon, elle se dit qu'une autre fois elle assistera à la naissance du jour et la naissance du jour, c'est le commencement de la vie, voilà ce qu'elle éprouve chaque fois que point la clarté. Enfin ses poches sont bourrées de noisettes qu'elle croque et déguste, écureuil ravi, depuis sa traversée, hier à la brunante, d'un petit taillis de noisetiers.

Elle regarde le ciel, doux comme du coton ouaté, se délecte du craquement en bouche de ses noisettes, entonne son Al-Lât, dit à l'immensité, elle qui ne sait pas prier et qui n'a jamais fréquenté une *mualima** : « Au

* *Mualima* : femme musulmane, responsable des cours de religion.

nom de Dieu, le Tout-Maternant, le Clément.» Il y a des tiraillements dans son ventre, elle a ses règles, elle se souvient vaguement d'un rêve érotique qu'elle a fait la nuit dernière, couchée dans la coudraie chaude et dans l'odeur humide de l'humus d'automne, elle a oublié les détails du rêve, et même les personnages qui lui ont rendu visite, elle n'a qu'une image intérieure de douceur et de bonté. Bosnia regarde ce ciel d'aube, on dirait un ventre de femme qui va crever ses eaux de neige – chaque année, depuis toute petite, elle sent la première neige avant qu'elle ne vienne, c'est un don. Contente, elle poursuit sa marche de ses pas souples et silencieux. Elle se souvient d'avoir lu dans ses livres d'enfance que les Amérindiens marchaient ainsi en forêt, sans le moindre craquement de brindilles, à pas de loup, pour n'éveiller aucun soupçon. Elle se sent légère. Sa ville est là sous ses pieds. Comme dans des pantoufles de mousse, elle avance dedans, en état d'apesanteur.

Au petit matin, pour celle qui n'avait jamais cru à son éternité, le ciel devint une noisette que l'on déguste et un ventre qui va s'ouvrir, déversant sur les humains des rivières de lait en forme de flocons étoilés.

Elle marchait tandis que les bruits de la ville indiquaient son réveil: moteurs qui tournent en ronflant, roues grinçantes des charrettes et des bécanes bancales, bois qui craque sous les mains des chasseurs de feu, jappements et miaulements étouffés – intelligents, les animaux avaient appris depuis les pénuries à se faire discrets face aux éventuels chasseurs rôdant partout –, bruits sourds des battements d'ailes des pigeons et palombes qui restaient. Mais il n'y avait ni appels à la prière du haut des minarets ni cloches qui sonnaient à la cathédrale et aux églises et les humains entrevus filaient comme des ombres vers toutes ces menues tâches qui assureraient, au moins pour un jour, leur subsistance (une phrase de Saint-Exupéry lui revint en tête : « Quelle survie puis-je espérer ? Dix secondes ? Vingt secondes ? »). À ce grand silence des humains, brisé seulement par les chuchotis et les chuintements de la nature, Bosnia sut que Sarajevo était encore en guerre. Il était inquiétant, ce silence. Il était pesant. Aussi alarmant que les éclats et les fureurs qu'elle avait quittés, affolée, en compagnie de son père. Cette aphasie de la ville avait-elle redonné la parole à sa mère, elle qui, sous le tumulte et la cacophonie des armes, était devenue muette ?

Bosnia avançait vers l'appartement d'Adila, plus très loin. Elle espérait, oh combien elle désirait, que l'immeuble soit intact et sa fidèle amie, bien vivante ! De rues en ruelles, chaque tournant semblait un piège, comme si tout lui promettait la mort. Soudain, elle entendit un roulement à ses pieds, retint son souffle et vit une pomme descendre la pente des pavés. Une pomme, une vraie pomme ! Elle n'en avait pas mangé depuis trois lunes – c'est ainsi qu'elle comptait les mois, faute de calendrier. Comme une marionnette suspendue à d'invisibles fils, tant elle ne voulait pas être aperçue, elle descendit le trottoir et se rendit jusqu'au fruit. Elle pensa à l'histoire de la Bible et du fruit défendu, s'en empara à la vitesse de l'éclair, alla se réfugier derrière un cabanon, le dégusta jusqu'à la fibre, jusqu'à la chair des pépins qu'elle trouva d'une saveur sans pareille, se dit qu'on n'a peut-être pas besoin de la guerre pour que viennent les miracles, « mais nom de pas dieu » que celui-ci était bon, comme dirait Giono, son romancier fétiche – avec Stendhal, Kafka et Dostoïevski dont elle n'avait jamais pu apprendre la moindre phrase par cœur.

Poursuivant sa marche vers le centre de Sarajevo, de l'autre côté de la rivière Miljacka qu'il faudrait traverser avec une prudence de Sioux, elle pensa aux livres qui lui avaient tant manqué depuis sa fuite en forêt, tous ceux dont les phrases lui étaient revenues dans la solitude et le danger des nuits et l'avaient aidée à vivre et qu'elle avait récitées comme autant d'incantations conjurant les mauvais sorts de la mort tout autour. Elle avait hâte de les retrouver, ces livres, ne savait pas encore qu'ils l'aideraient tout l'hiver à ne pas crever quand elle et ses amies d'infortune, à court de bois, devraient les brûler un à un pour se réchauffer. Elle ne savait pas encore que d'avoir à choisir lequel des livres il faut brûler en premier constitue une effroyable torture de l'esprit et que, pour se sauver de ce mal de l'esprit qui s'appelle la folie, elles en apprendraient chacune par cœur des chapitres qu'elles réciteraient par la suite à haute voix, au coin du feu justement.

Et puis, comme dans un film soudain au ralenti ou dans un rêve où un seul plan éclaire toute l'histoire, elle se retrouva devant la porte de son immeuble. C'était là. Rien n'avait changé, même pas de carreaux cassés, c'était le même portique, les mêmes fenêtres, seule l'entrée était jonchée de détritus – vieux moteurs, bouts de bois, ordures en vrac et autres immondices –, mais le bâtiment, parmi la forêt de ruines tout autour, était resté intact. « Autre miracle », pensa Bosnia en s'avançant sur la pointe des pieds dans le vestibule devenu cette immense poubelle humide – des gouttelettes dégoulinaient sur les murs, un chat famélique qu'elle ne reconnut pas sortit d'un cageot, dévala, l'air apeuré, le long du corridor sombre, en route vers la cave et ses rats. Elle resta figée. Elle était transie, se mit à trembler de tout son corps, se dit qu'après tout la forêt, avec ses loups qui hurlent à la lune, ses ours perdus et ses chasseurs enragés à l'affût de tout bétail humain adversaire, était peut-être plus hospitalière que ces maisons construites de main d'homme pour être des abris sécuritaires et devenues, en temps de guerre, des antres maléfiques où se terrent, entre vie et mort, les assaillis. Grelottante, elle se dit : « Ça doit être ça, l'enfer, ces lieux accueillants qui se transforment, comme dans les cauchemars, en autant d'espaces repoussants, ces îlots conçus pour la protection et la chaleur des êtres devenus, sous le régime d'horreurs de la guerre, autant de repaires inhospitaliers où l'on n'a plus qu'à attendre, dans la peur et les tremblements, la fin de la vie. »

« Oui, l'enfer, c'est la guerre. » Et elle n'en pouvait plus de ne plus vouloir ce mauvais rêve. Elle eut envie de crier, de hurler comme les bêtes, de se jeter dans la cave par la sinistre trappe, de s'en aller crever parmi les chats et chiens faméliques et parmi les rats. Mais elle ne cria pas. Dans le cœur de Bosnia, il restait encore une petite lumière qui lui disait de survivre, elle entendit à nouveau ces mots de Saint-Exupéry (dans quel livre les avait-elle lus ? elle verrait bien en retrouvant leur bibliothèque d'étudiantes, dans l'appartement d'Adila qu'elle espérait, oh ! plus que jamais, là et vivante) : « Quelle survie puis-je espérer ? Dix secondes ? Vingt secondes ? » Claquant des dents, Bosnia se murmurait ces mots qu'elle trouvait à la fois consolateurs et désespérants. Consolateurs, parce qu'ils renfermaient malgré tout la beauté et l'espoir. Désespérants, parce qu'ils n'imaginaient pas plus de vingt secondes de vie, alors qu'elle, Sabaheta-Bosnia, c'était une éternité de vie qu'elle se figurait malgré l'horreur du désastre ambiant, c'étaient des montagnes de découvertes et de bonheurs qu'en ce moment même elle concevait pour elle et pour tous ceux qu'elle aimait ou aimerait.

Se tenant dans l'angle le plus obscur du vestibule glacial, elle se fit la promesse de travailler toute sa vie, après la guerre et après ses études, aux antipodes des champs de bataille, là, ailleurs – elle ne savait ni où ni comment encore –, mais dans un là-bas où se cultivent à l'infini des champs de réconciliation. Pour la première fois, depuis la disparition de son frère Mumo et la folie de sa mère Anna et la mort de son père Ismet, elle sentit couler sur ses joues des gouttelettes, semblables à celles sur les murs lézardés, qui la réchauffèrent. Elle se dit, incrédule: « Est-ce que ce sont des larmes ? »

IV

Bosnia toucha, puis goûta les chaudes rigoles sur ses joues, oui, c'étaient bien des larmes, ces minuscules ruisseaux salés qui ne descendent pas des montagnes mais, au contraire, remontent des profondeurs de la terre, là où, petite, on lui avait enseigné que se trouvait l'enfer avec ses diables et ses feux, mais dans sa terre à elle, dans son ventre brûlant, qui coulait par le bas d'eaux rouges et par le haut d'eaux blanches salées, elle avait toujours su, et encore plus aujourd'hui, qu'il y avait un véritable paradis, son ciel à elle, intime et souverain, qu'elle toucha pour réchauffer ses deux mains ainsi que pour calmer les crampes de la faim et des règles. Malgré ce geste consolateur à l'égard d'elle-même, Bosnia savait bien que le paradis de son ventre était fait aussi de chagrins et de douleurs et, prenant la mesure démesurée de cet état paradoxal d'un ciel terrestre fait de bonheurs piqués de fléaux et de misères, un ciel à soi, fragile et puissant, elle laissa venir ses sanglots – des torrents retenus depuis la bombe tombée sur le grand marché Markale de la vieille ville musulmane et tuant cent quarante victimes civiles, dont sa tante adorée, Elmedina.

Après ce débordement d'eaux charriant avec elles les débris de mémoires, les lambeaux d'anecdotes, elle se sentit prête à gravir les cinq étages d'escaliers. Pour se donner du cœur au ventre, elle compterait les marches, quatre-vingt-cinq précisément, elle se souvenait. Elle se moucha avec les grandes feuilles de châtaignier dont elle remplissait toujours ses poches, puis caressa à nouveau son ventre chaud et se fit une autre promesse: « Un jour, après la guerre et après mes études, ailleurs, là-bas, très loin d'ici, avec un garçon que j'aimerai et que je chérirai, avec un homme qui sera pour moi la bonté en personne, j'aurai un enfant. » Cette seule pensée la rasséréna.

S'engageant dans les escaliers, elle se souvint d'une autre phrase de Giono, peut-être dans *Présentation de Pan*, mais elle n'en était pas certaine: « Le monde est large, comme il disait, pour ceux qui, en plus de la terre, ont encore tous les nuages à escalader. » Elle ne savait plus quel personnage avait dit ces mots, mais cet oubli avait si peu d'importance. Ce qui comptait, c'était leur vérité.

Au premier palier, elle repensa à l'amour. Il y avait si longtemps qu'elle n'avait pas rencontré de garçons désarmés.

Au second, elle se dit qu'entre le viol de ses quatorze ans et maintenant, sa jeunesse était passée comme une ombre.

Au troisième, elle s'assit, essoufflée. Il y avait un grand vide dans sa tête.

Au quatrième, elle trébucha, se tint contre la rampe et vit descendre une femme qu'elle ne connaissait pas.

Et tout en haut, elle ne se souvint pas d'avoir cogné à la porte familière, mais elle n'oublierait jamais le visage vieilli et effaré de son amie Adila dans les bras de qui elle s'effondra.

Elle se réveilla sur un petit lit de fer, sentit le matelas sous son corps, glissa ses mains sur des vêtements propres qu'elle ne reconnut pas, « quel confort ! » eut-elle le temps de dire à voix haute avant de sombrer de nouveau dans l'inconscience. Dans un rêve, elle eut une peine inconsolable, c'était bien là son désespoir : elle voulait apporter comme naguère un petit bouquet de fleurs à Adila, mais des fleurs, il n'y en avait plus nulle part dans le pays qu'elle traversait du nord au sud et d'est en ouest. Épuisée par cette vaine quête, elle se réveilla une seconde fois, avec ces mots : « La guerre tue les humains, les animaux et les oiseaux. Mais aussi toutes les fleurs et leurs abeilles. » « Toutes les fleurs ! » répétait-elle dans un cri sourd qu'elle avait peine à articuler. Dans sa tête, c'était pourtant limpide. « La guerre tue toutes les fleurs et leurs abeilles. »

Puis ce furent des phrases d'Ivo Andrić* qui remontèrent du fin fond de sa mémoire d'enfance quand leur père leur récitait, à Mumo et à elle, de grands passages de *La chronique de Travnik* et qu'elle s'endormait en pensant à Belgrade qui était pour elle alors la ville imaginée la plus belle, au bout d'un fabuleux parcours – « Nous y emmèneras-tu un jour ? demandaient-ils à leur père Ismet. – Bien sûr, promettait celui-ci. Avec votre mère et peut-être votre tante Elmedina. J'aurai acheté une nouvelle voiture, nous mangerons dans les petites auberges, la route en est farcie, j'ai un ami là-bas qui nous recevra dans sa pension. Ah ! Belgrade, Beograd-ville-blanche, ajoutait-il comme ensorcelé, ah ! la Save et le Danube sur lesquels je vous emmènerai naviguer, je connais des capitaines dont les grands-pères ont combattu au côté du mien, tous ensemble, ils ont vaincu les armées ottomanes et les ont chassées du pays pour de bon. » En pensant à ce que Belgrade était devenue pour les siens, que, dans ses veines, coulait aussi du sang turc et que sa religion musulmane ne lui permettait pas de renier les anciens conquérants ottomans, elle fut saisie de frayeur devant la complexité humaine et se réveilla pour de bon.

* Écrivain bosniaque, Prix Nobel de littérature, en 1961.

Adila s'affairait dans la cuisinette. Un ange aux cheveux de soleil et aux yeux vert d'eau était là qui regardait Bosnia avec une douce gravité. « Je m'appelle Marina, je suis la petite-cousine de ton amie Adila. La guerre m'a déportée jusqu'ici. Je te raconterai. » Elle donna un peu d'eau, demanda à Bosnia si elle avait faim. Puis la voix d'Adila : « Tu vas voir, ma petite Sabaheta. On va bien s'occuper de toi. On va te remplumer. » Bosnia reconnut bien là son amie maternante, pas étonnant qu'elle étudie pour devenir sage-femme. Elle se sentit rassurée et, en même temps, pensa à sa propre mère, pleura encore. Depuis que s'étaient rouvertes les écluses, c'était comme si un flot continu ne pouvait plus s'endiguer, comme si elle allait pleurer jusqu'à la fin de ses jours et mourir au bout de son chagrin. Adila avait-elle lu dans ses pensées? Elle lui dit : « Ne t'inquiète pas pour ta maman. Je vais la voir aussi souvent que possible. Dès que les voies se libèrent, qu'il n'y a pas d'obus à l'horizon, d'incendies qui craquent dans le quartier, de balles qui sifflent sur nos têtes, j'y vais. Elle ne parle toujours pas, mais elle semble calme, libérée de ses craintes. On dirait qu'elle ne souffre plus. Ne t'en fais pas, ma petite revenante des forêts. Quand tu seras guérie, on ira la voir ensemble, ta maman. » Et la revenante leur expliqua pourquoi, désormais, elle s'appelait Bosnia.

Pour leur rappeler que l'épouvante était toujours maîtresse de Sarajevo, un tonnerre d'obus se fit entendre au loin. Des carreaux éclatèrent dans l'immeuble d'en face. Puis d'autres bruits sourds et des craquements, tels ceux de géantes allumettes, des cris humains ensuite, un hurlement de femme, un râle d'animal égorgé suivi d'un silence d'une telle lourdeur qu'on aurait dit la nuit en plein jour, nuit pour toujours dans ce premier matin d'hiver qui s'annonçait éternel. À la fenêtre soudain, les premiers flocons apparurent. Il ne ventait pas. La neige descendait toute droite et toute fine. « Je voudrais être ce ciel apaisé, se dit Bosnia, et non plus ce ventre grondant, ventre de centre de terre enragée. »

Elle vit alors sur le sol une large bassine d'eau rose, comprit que ses amies l'avaient lavée de la tête aux pieds. Se souvint du sang qu'elle avait perdu, abondant. Elle n'avait plus de crampes au ventre, se sentit flotter dans ce lit douillet. Confondue au noir de l'épouvante du dehors bombardé, aux neiges éternelles qui se déversaient en muettes lamelles et à l'eau rose de son propre sang, elle pensa que dans cet ailleurs où elle s'en irait, imaginé paisible et lointain, peut-être qu'après tout elle serait peintre. Pour se souvenir exactement de ce matin d'aube fait de fureurs et de douceurs qu'elle venait tout juste de vivre.

Elle eut faim.

Et justement, la soupe était prête.

On mange ce qu'on peut et ce qu'on trouve en temps de guerre. Il y avait tout de même de grosses fèves rouges, du chou et des patates. On y trempait une espèce de galette sèche faite de farine et d'eau seulement, mais enfin, c'était mieux que rien. Marina, l'ange blond, se mit à parler d'elle, dit qu'elle était fille d'un père croate catholique qu'on n'avait plus revu depuis bien avant la guerre ; un jour, il était reparti vers la Croatie avec une nouvelle femme aussi jeune que Marina et avait planté là sa mère, une musulmane bigote dont la famille avait forcé le mariage de Marina avec un commerçant de Beyrouth. Ce dernier n'était venu qu'une seule fois en Bosnie-Herzégovine, pour épouser Marina et aussitôt repartir avec elle en Arabie Saoudite où il avait un « business de diamants », disait-il. Elle ne vit jamais la couleur d'un diamant, mais découvrit que ses millions, il les trouvait dans le négoce véreux des armes, de l'héroïne venue d'Afghanistan et de la chair humaine (il dirigeait l'un des grands réseaux de prostitution d'Europe de l'Ouest). Au début il l'aima, mais s'en désintéressa assez vite, d'autant plus qu'elle ne lui donnait pas d'enfant. Il sortait tous les soirs, avait ailleurs ses « aventures de cul », comme il disait et quand il revenait, saoul la plupart du temps, il la battait, la traitait de salope et lui criait aux oreilles qu'il voulait d'elle un fils, « un héritier mâle, m'entends-tu, outre vide, terre asséchée, putain de désert au beau cul, t'as l'air d'une sainte, mais Allah te punit de tous tes péchés cachés ». Et il frappait. Et elle rêvait de le tuer, mais ne savait pas comment on fait pour donner à quelqu'un la mort.

Bosnia, pour sa part, raconta ses semaines en forêt avec son père. Puis la mort de son père. Puis les frayeurs et les douceurs de la forêt.

Il ne restait plus de bois pour alimenter le feu. Raconter les réchauffait. Bientôt, Adila et Marina sortiraient, en quête de quoi se chauffer et manger. L'essentiel de leurs journées passait dans ces expéditions hasardeuses et risquées. Bosnia devait encore se reposer. Elle tenterait le sommeil. « Au moins quand on dort, on n'a plus faim », se dit-elle en entendant les pas de ses amies descendre l'escalier. Sa dernière pensée avant de se rendormir fut celle-ci : « Que trouverais-je ailleurs que je n'ai pas ici ? »

V

Bosnia fut réveillée par les pas et les rires dans l'escalier. Elle reconnut ses deux amies. Rire lui sembla venir d'un autre monde, ces éclats joyeux, on aurait dit, appartenaient à un théâtre étrange qu'elle ne fréquentait plus depuis des lustres. Adila et Marina rentrèrent dans un vacarme amusé, on les aurait dit deux petites filles redevenues, l'une portait un cabas chargé de victuailles et l'autre traînait, ficelé au bout d'une corde, un gros paquet de bois. À bout de souffle et encore émerveillées, elles déchargèrent leurs trésors devant les yeux incrédules de Bosnia qui se souvenait à peine qu'hier encore, avant la guerre, cette richesse-là était coutumière.

Il y avait en vrac des pommes et des olives, du café, des amandes et des tomates, de l'huile, des oignons et des pâtes, du riz, des pommes de terre, et même un poulet et même une bouteille de raki dissimulée dans de vieux journaux. Marina sortit en plus, de la poche de sa vareuse, deux paquets de cigarettes. Ce serait la fête, la bombance, le ramdam, Bosnia émergea un peu chancelante de son petit lit de fer, elles se mirent à danser en chantant un air de leur enfance aux mots en partie oubliés, mais qui disaient à peu près : « Merci la vie / Ne t'en va pas, nous arrivons / Merci le ciel / Ne disparais pas, nous t'aimons. »

D'où venaient donc tant de bontés ?

Au cours de leur expédition, Adila et Marina avaient dû se réfugier à trois reprises dans des caves, à cause de violents bombardements. Comme toujours, elles avaient vu des êtres affolés courir avec elles vers les abris, tous plus étranges les uns que les autres : mère hagarde avec son bébé rachitique accroché à son sein vide, grand-mère échevelée vociférant des injures à la ronde, brute de mari traînant sa femme par le châle et continuant la volée de coups qu'il avait commencé à lui asséner chez eux (que faisait donc ici cet homme valide supposé être à la guerre ou bien en prison ou mort ?), deux jeunes filles se tenant par la main, pleurant doucement ensemble cette folle humanité dans laquelle leur vie se levait.

Dans le troisième abri, le miracle arriva. Il avait pour nom Adem et pour visage celui du meilleur ami de Bosnia, d'Esma et d'Adila, à l'université. Que faisait-il dans cette cave de Sarajevo ? D'où venait-il ? Encore tout tremblant (de peur ? de froid ?). Il prit dans sa main crevassée la main d'Adila, la tint durant la longue heure que dura l'attente, lui dit tout bas – en ces lieux peuplés et anonymes, il ne fallait jamais se confier – de le suivre à la sortie de l'immeuble, et qu'il lui raconterait. Elle lui présenta Marina, lui chuchotant juste « c'est mon amie ». Dans la solidarité que crée entre amis le statut de victimes de guerre, on n'a pas besoin d'étaler de pedigree. Dans cet arrêt du temps – ainsi se vivait le passage aux abris –, dans ce temps suspendu où peu parlent et où s'entendent les gouttelettes perlant des plafonds moites, où sans les voir, vu le noir, l'on craint que des stalactites colossales nous tombent sur la tête, Adila fixa sa pensée sur ces crevasses aux mains d'Adem. Et elle imagina, horrifiée, les séances de torture qui lui avaient laissé la peau toute balafrée, tailladée. Elle apprit au-dehors que son imagination n'était pas du délire. C'était bien ça. Les

Tchetniks avaient accompli sur le corps d'Adem l'œuvre coutumière qui était la leur avec les musulmans. Adila la sage-femme vit soudain en son esprit les corps musulmans de la guerre de Bosnie comme autant de manuscrits lacérés, autant de pièces d'archives pour les procès futurs des criminels. Mais existeraient-ils seulement, ces procès ? Vivraient-ils tous jusque-là ? Y aurait-il une justice immanente sur cette terre ou faudrait-il attendre le Jugement dernier promis dans l'éternité ?

(Étrange vie ! C'est le lendemain matin que la Grande Bibliothèque de Sarajevo serait détruite sous les bombes, là que les vrais manuscrits et les vrais livres bosniaques partiraient tous en fumée, on ne pouvait supposer plus radical autodafé. Adila n'en reviendrait pas de la coïncidence, elle qui, la veille encore, avait vu les corps de son peuple, par millions, défiler sous forme de pièces d'archives éraflées sous le regard courroucé de l'Éternel, lors du Jugement dernier.)

Adem avait promis de venir plus tard fêter avec elles trois, s'il n'y avait pas d'embûches, évidemment. C'était lui d'ailleurs qui, par un contact qu'il devait taire, avait trouvé les victuailles dans un appartement vide où il s'était rendu avec Adila et Marina au sortir du sinistre abri. Il les reconduisit jusqu'à leur immeuble, leur dit, nerveux, qu'il avait beaucoup à faire. Et elles le virent filer le long des façades éventrées, la tête dans les épaules et le pied alerte, jusqu'à ce qu'il disparaisse dans une ruelle sombre, ombre furtive pour qui cette ville semblait ne plus avoir de secret.

(Plus tard, après la guerre, pour payer ses études de droit, Adem ferait visiter ses ruines sarajeviennes pour les touristes venus du monde entier qui s'extasieraient devant autant de sculptures postmodernes. Elles capteraient les jeux d'ombres et de lumières obliques du soleil et lui, Adem, au fond de sa profonde solitude parmi cette jactance humaine et les flashs des appareils photo, entendrait un intraduisible poème lyrique venu de ces squelettes architecturaux dont chacun lui raconterait un événement tragique, le ramenant à des figures bien humaines à jamais en-allées.)

Les trois filles grillèrent une bonne cigarette. Qu'elle était bonne, cette zigoune de Marlboro, mais où donc le contact d'Adem avait-il déniché une telle manne? « Ne posons pas de questions, pensèrent-elles, fumons ! » Les yeux fermés dans un grand recueillement, et en parfait silence, elles savourèrent les effets de la douce fumée. Pourtant, elles n'avaient pas tellement fumé avant la guerre, mais le manque crée une insidieuse dépendance, c'est bien connu. Après cette sublime séance de communion, elles s'attelèrent aux tâches de la fête du jour: Marina au feu, Adila aux fourneaux – en fait, elle ferait rôtir le poulet avec de l'oignon et des pommes de terre, il y a longtemps que le sel et le poivre et toutes les épices avaient disparu du pays; puis, en entrée, elles mangeraient des tomates à l'huile avec des olives; avec l'apéro de raki, elles grignoteraient quelques amandes. « Attention, dit Adila la sage-femme, nous devons nous garder de tout pour demain et pour les jours qui viennent… » Ça, c'était entendu, les deux autres connaissaient les rigueurs du rationnement. Seulement, pour ne pas blesser la dévouée Adila qui, parfois, jouait à la maîtresse d'école, elles se turent et se lancèrent un petit sourire entendu.

Pour sa part, Bosnia retrouva son lit, n'ayant pas encore la force de participer aux corvées. Après tout, elle n'avait immigré de sa forêt qu'au petit matin de ce jour, même si, à cause des nombreux sommeils, le temps lui semblait plus long ici qu'au-dehors. Elle prit le vieux journal entourant la bouteille de raki, réalisa qu'il n'était pas si vieux que cela, il n'avait que trois jours. Venant de Slovénie et écrit en serbo-croate, *leur* langue après tout, il racontait avec moult détails *leur* guerre de Bosnie-Herzégovine. D'ailleurs, mais pas de très loin tout de même, elles apprendraient enfin ce qui se passait ici. Bosnia se mit à lire à haute voix. Toutes trois n'en revenaient tout simplement pas. « Nom de Dieu, ça souffre et ça brûle dans tout le pays et jusqu'en Croatie », dit Marina sous le choc. Sa seule famille étant maintenant celle de son père croate et de ses demi-sœurs et demi-frère qu'elle ne connaissait pas, pendant toutes ses années au loin, en Arabie et au Liban, elle les avait imaginés heureux, en plus d'être beaux, chaleureux, charmants et, pour elle quand elle les reverrait, aimants. Et là, maintenant, elle les voyait tous vivre les mêmes chagrins, les mêmes malheurs qu'elle, s'ils n'étaient pas déjà morts sous les coups de la torture, dont le corps mutilé d'Adem lui avait rappelé l'existence. Le feu allumé, elle s'assit sur le rebord du lit de Bosnia qui continuait à lire.

Qui continua jusqu'à ce que Marina s'effondre en sanglots. C'était trop pour elle. Une goutte avait fait déborder le vase. Adila se précipita vers le lit. Toutes trois se prirent dans les bras et, ensemble, pleurèrent à chaudes larmes. Elles se berçaient. Ne parlaient plus. La guerre retombait en chapelet de douleurs sur le petit lit de fer de Bosnia. Puis, à travers le rideau d'eau, Adila dit à Bosnia : « Tu sais, Marina et moi, nous nous aimons. » Elles éclatèrent de rire. « Chanceuses d'aimer », songea Bosnia.

« Et si on débouchait la bouteille de raki en attendant Adem ? »

VI

« Jamais je ne veux oublier cette soirée de novembre, se disait Bosnia en regardant ses deux amies manger et boire du raki, rire et danser sur des airs de valse imaginaires pendant qu'elle alimentait le feu et repassait dans sa tête les grandes fêtes de son village avant la catastrophe. Jamais je ne veux oublier ces moments précis de novembre, je veux les graver en moi pour toujours, je ne veux plus me souvenir de l'épouvante qui a saisi notre vie à tous, je ne veux plus penser aux viols, aux morts qu'on n'a pas eu le temps de pleurer, j'ai besoin de vie, de calme, d'amour et de beauté. » La tête lui tournait un peu sous l'effet du raki, c'était bon, elle en voulait encore, toutes trois remplissaient à tour de rôle leur verre vide, l'ivresse les emportait ailleurs, loin du bruit des bombes et des balles, la nuit était claire d'étoiles, plus aucun cri dehors, après tout, la guerre avait peut-être pris fin sans s'annoncer, fidèle en cela à ce qu'elle avait été au commencement – personne ne l'avait vue venir, on ne savait pas où elle avait débuté ni comment.

Bosnia, Adila et Marina avaient ouvert les festivités dès le soir tombé. Adem ne venait pas. Aucune d'elles n'avait voulu s'inquiéter. Depuis le début des belligérances, on avait bien assez de pâtir quand frappait le mal, on avait appris à ne plus languir devant l'inconnu.

Par instinct de survie, elles avaient acquis cette sagesse simple qui réserve l'affliction à l'épreuve connue. Adem viendrait peut-être : ce soir, cette nuit ou un autre jour. En ces heures de tumulte, on ne peut jamais fixer de rendez-vous précis. Les événements décident de l'emploi du temps et non plus les horloges. Adem viendrait ou ne viendrait pas. S'il venait, il avait promis d'apporter une autre bouteille d'alcool et la fête se prolongerait. S'il ne venait pas ou s'il ne venait plus jamais, on aurait bien assez de jours de noirceur et de colère pour pleurer un disparu de plus.

« Je ne veux plus penser non plus que Mumo est mort, je ne veux plus croire qu'il soit disparu pour toujours. Quand je serai guérie, j'irai voir maman et je commencerai des investigations pour retrouver la piste de Mumo, je me ferai détective le temps de mon enquête, je deviendrai le Simenon de la Bosnie-Herzégovine – je n'aurai pas adoré ses romans pour rien –, aucun Serbe ne résistera à mes recherches, je me déguiserai en femme de ménage, ou bien je teindrai mes cheveux en blond, je les bouclerai comme ceux des filles faciles de Belgrade, non, plutôt, j'aurai l'air de rien, insipide et anonyme, j'arpenterai le territoire, j'en ferai l'inventaire, recueillerai tous les indices, je contournerai l'invérifiable, déjouerai l'incontrôlable et je gagnerai : je trouverai mon frère, mon jumeau, mon Mumo, quitte à me faire gardien de prison chez les Serbes et à m'habiller en garçon comme je l'ai fait dans le maquis avec mon père. » Bosnia caressa la pointe de son poignard qu'elle gardait toujours à la ceinture, même au lit. Elle se demanda, les doigts glissant sur la lame douce et tranchante, pourquoi il était si difficile aux filles de tuer. Pourquoi, depuis que le monde est monde ? Et pourquoi elles se laissaient encore violer ? Elle s'imagina à la tête de commandos de femmes parcourant la planète, émasculant tous les violeurs de femmes et d'enfants de cette terre misérable.

Les rires de ses amies la firent sortir de sa rêverie. Elles allèrent s'installer sur le petit lit de Bosnia, les deux amantes se réchauffant dans la même bonne vieille couverture de laine. Bosnia les rejoignit, après avoir mis une autre bûche dans l'âtre. Elles buvaient maintenant à petites lampées le peu de raki resté dans la bouteille, le grand silence du dehors se mettait à l'écoute des secrets de l'univers, laissant au-dedans sa musique entière : les crépitements du feu, *dolce pianissimo*.

Marina se mit à raconter. Intarissable, elle parla de ses tribulations de jeune épousée – elle avait dix-huit ans de plus que Bosnia et Adila, était née en 1954, avait dix-huit ans quand le mariage fut conclu entre les deux familles et que vint la chercher Asim pour l'emmener en Arabie, on était loin, en ce mois de juillet 1972, d'imaginer la guerre et le démantèlement de la Yougoslavie –, raconta sa première nuit avec Asim quand, tremblante de frayeur, elle dut ouvrir ses jambes, qu'elle le vit enfoncer son sexe en elle, telle une arme qui la perfora, et qu'elle perdit connaissance sous l'assaut. Sa mère lui avait bien dit qu'elle souffrirait, mais, à ce point, elle n'avait pu l'imaginer. Pendant la charge animale, alors qu'il en bavait, hurlant qu'elle était sa pute, sa chose et son esclave, pour la première fois de sa vie, Marina eut une envie folle de mordre, d'arracher les cheveux et les poils de cette brute à qui elle avait promis devant l'imam obéissance et fidélité, pour la première fois, elle perdit sa foi en l'Éternel. Elle eut envie de tuer pour la première fois aussi. Voici que dans ce gouffre de haine, elle était devenue femme.

Elle saigna pendant des jours et ne voulut plus qu'il la touche. Quand Asim s'approchait, elle hurlait comme une bête. Plus il la forçait, plus elle se sentait devenir méchante. Elle comprenait les lionnes et les louves et toutes les femelles sauvages du monde. Elle cessa de s'occuper de sa beauté – oh oui, elle se savait belle, on le lui avait tellement dit depuis toute petite, même Asim avait été subjugué par sa grâce, c'est ce qu'il lui chuchotait parfois à travers ses éructations immondes –, elle nourrissait des plans d'évasion, se donnait entièrement à l'ivresse de détester. « Heureusement que je n'ai pas eu d'enfant, leur disait Marina. Vous vous imaginez un garçon engendré dans l'ordure morale et la haine ? j'aurais mis au monde un guerrier virtuel, un enragé qui aurait semé sur son parcours des graines de violence et de guerre, même si je l'avais entouré de ma tendresse et de mes caresses, le mal eût été fait sans même que je puisse de mes bras aimants et de mon lait réparer la malédiction enfouie au fond de son cœur. Quant à une fille, je ne pouvais me résigner à mettre au monde un petit corps qui deviendrait en grandissant un paquet de chair à abrutissement.

« En Arabie, nous menions grand train de vie à cause de la fortune d'Asim. Nous vivions dans le quartier le plus riche de Riyad, pas très loin des palais princiers des dirigeants. À l'extérieur, je devais souvent porter le voile, n'avais ni droit de vote ni celui de conduire une voiture, mais, dans les villas et les palaces, j'ai assisté à des orgies et des partouzes inimaginables pour nous, des Balkans. À la maison, j'avais des serviteurs nombreux, cuisinières, femmes de chambre, jardiniers et chauffeurs auxquels je ne savais vraiment pas comment donner des ordres, je ne savais pas comment me faire obéir, j'avais horreur de ce rôle de dirigeante, ce qu'Asim me reprochait régulièrement jusqu'à ce qu'il confie les rênes à une gouvernante en titre, il était temps, l'anarchie s'était emparée de la maison.

« Un jour, je devins enceinte et voulus mourir. Parmi les domestiques, il y avait une infirmière algérienne, Leïla, devenue mon amie, qui m'aida à avorter. Elle fit croire à Asim que je faisais une fausse couche. Je ne peux vous raconter les douleurs de l'opération, ni les flots de sang, ni les infections subséquentes, ni l'hystérectomie que l'on dut pratiquer sur moi à l'hôpital, dans les mois qui suivirent. Je ne peux vous raconter sans que le cauchemar revienne, me tenaille encore jusqu'à la nausée. J'ai dû refermer ce chapitre de ma jeunesse pour pouvoir amorcer celui de ma libération. Leïla et moi avions donné la mort, mais nous avons senti toutes deux que, par cette abomination, s'ouvraient pour moi toutes grandes les portes de la vie.

« Asim se désintéressa de moi – "outre vide", disait-il – qu'il allait répudier un jour quand il trouverait *la* femme fertile qui lui donnerait un héritier. Le moment venu, il demanderait le divorce, me laisserait partir avec une "grasse somme d'argent, on a des principes, madame, du côté de mon clan familial, on a des principes, on n'est pas des salauds !"... Puis, il ne me poursuivit plus de ses assiduités lascives, le médecin lui avait conseillé de laisser tomber, "votre petite épouse est trop écorchée", c'était ce que Leïla, qui avait une troisième oreille à l'affût de tout ce qui se chuchotait derrière les tentures des salons, m'avait rapporté. Il m'oublia en quelque sorte, me sortait en public pour les apparences et s'en allait assouvir ses appétits voraces "chez les putes, qui, elles, savent jouir et faire jouir", me lançait-il en ricanant. Mais j'étais devenue totalement indifférente, sourde à ses méchancetés, j'avais la paix, la tranquillité du corps et du cœur. Je me disais qu'un jour je saurais m'inventer une nouvelle vie. L'argent qu'il me donnait en abondance, j'en mettais de côté. Je ne rêvais que de m'enfuir. Leïla était au secret, elle m'accompagnerait où que j'aille tant étaient grandes sa fidélité et son affection.

« Lentement, au fil des jours oisifs, un plan germa.

« Ce plan me donna des ailes. Je décidai de retrouver ma santé – et, pourquoi pas, ma beauté. Chaque jour, je faisais du footing dans notre jardin privé, puis de la natation – j'avais mon instructeur personnel – et je recevais des massages d'une massothérapeute que Leïla avait fait embaucher par notre gouvernante. Ah! que du bonheur, ces moments passés allongée sur une table à massage au sortir de la piscine, ces larges mains fermes et douces de ma soigneuse Yéménite, mains enduites d'huiles essentielles – aromates suaves par lesquels tout mon corps baignait dans l'atmosphère étrange de cette Arabie Saoudite qui, jusque-là, m'avait semblé fort menaçante. Je me disais: "Faute de guérir mon âme, je sauverai mon corps du mal."

« Chaque soir, à Leïla qui me parlait de son pays, de Constantine où elle était née et du désert si lointain d'où venaient ses ancêtres, je disais: "Tu crois que notre plan réussira?" »

VII

Le récit de Marina fut interrompu par un sifflement d'obus, au loin, puis un éclair déchira le ciel au-dessus de la colline du sud et, plus rapproché, on aurait dit, un boum du fond de la terre suivi d'échanges de tirs pétaradants, ce qui les réveilla complètement. Sur le qui-vive, elles s'attendaient au pire, mais rien ne bougea dans le voisinage. Le silence de la nuit reprit ses habitudes, ouvert à la conversation des étoiles qu'aucune bataille ne semblait jamais déranger.

Adila et Bosnia désiraient la suite du récit et Marina brûlait de continuer. Comme il y avait du bon café, apporté la veille par Adem, elles décidèrent de s'en faire un tout de suite qu'elles allaient déguster à petites gorgées, les mains bien au chaud sur les bols, pendant que Marina poursuivrait.

Celle-ci leur décrivit le projet d'évasion que Leïla et elle avaient concocté, mettant dans le coup l'amant de Leïla, un Chinois de Hong Kong que l'heureux sort avait élu chauffeur des dames de la maison d'Asim. Chino – c'est ainsi que tous l'appelaient à Riyad, même Leïla, son amoureuse – ne demandait pas mieux que de s'enfuir de cette maison où la jeune Maîtresse adorable se languissait, où le Maître se comportait comme une brute sauvage. Chino en avait « ras la casquette », comme il disait dans son arabe approximatif, « ras l'uniforme et ras la bagnole rutilante, de cette maison, de cette ville, de ce pays aux mille prisons et aux millions de minarets ! » Chino rêvait depuis longtemps de partir, et sa Maîtresse avait besoin de lui, et son amante serait du voyage et ils avaient une voiture, que demander de mieux ?

Marina, depuis toute petite, avait rêvé d'aller à Djibouti et surtout, juste à côté, sur la côte de Tadjoura. Jeune, elle avait entendu cent fois sa mère raconter l'histoire d'une grand-tante, Alma, qui, après avoir été violée par l'imam de son village, pour fuir la lapidation ou la honte de la famille, par elle, déshonorée, s'était, une nuit, volatilisée. Elle avait disparu en même temps que le boulanger du village voisin. Pendant des années, on fut sans nouvelles d'Alma jusqu'à ce qu'un jour sa mère, encore vivante, reçoive d'elle une longue lettre, de Tadjoura – ce seul nom faisait rêver la petite Marina –, dans laquelle elle racontait sa fabuleuse vie avec son boulanger, décrivant les grandeurs de leurs amours et les beautés à peine descriptibles de ce pays fabuleux aux mille et un bonheurs. Après, Alma n'écrivit plus jamais. Mais cette lettre, sa seule lettre reçue un matin de printemps, on la lut et relut à chaque fête, tous les prétextes étaient bons pour sortir de leur boîte de fer-blanc ces pages jaunies, pour les déplier délicatement et les lire à haute voix devant la famille rassemblée qui rêvait à l'unisson de partance vers des contrées où la joie avait enfin un nom et un visage, celui d'Alma qui avait été si jolie et qui s'était enfuie de ce pays de misère avec son magicien de boulanger. Cette histoire était leur roman familial, un vrai, et, dans ce roman, Marina était entrée toute jeune pour écrire un jour son propre chapitre.

Profitant d'un voyage d'Asim et alléguant une visite dans les musées de Riyad, Marina, Leïla et Chino prirent un bon matin la route de Djibouti et de Tadjoura. Ils iraient à l'hôtel, et dans des hôtels chics ; avant de partir, Marina avait cousu sa fortune sous ses jupes. Dans la voiture, ils étaient si joyeux, de vrais enfants. Ils chantèrent des comptines, chacun dans sa langue – le serbo-croate, l'arabe et le chinois se répondaient, se mariaient, c'était le contraire d'une cacophonie, c'était une symphonie contemporaine improvisée, basée sur autant de musiques anciennes qu'avait conservées leur enfance à chacun.

Leur but était de s'installer quelques semaines à Tadjoura, puis de remonter jusqu'en Herzégovine, en passant par le détroit de Bab el-Mandad pour naviguer sur la mer Rouge, et le détroit de Suez, puis ils s'arrêteraient à Alexandrie, feraient une petite excursion sur le Nil, se promèneraient bras dessus, bras dessous, de grands chapeaux de paille sur la tête, iraient rendre visite aux cousins chinois de Hong Kong qui faisaient là du commerce et que Chino n'avait pas vus depuis l'âge de huit ans. Après l'Égypte, ils traverseraient la Méditerranée jusqu'au Pirée, franchiraient en car la Grèce, du sud au nord, jusqu'en Macédoine, puis le Kosovo et le Monténégro et enfin ils atteindraient la maison, cette Bosnie-Herzégovine dont Marina s'était tant ennuyée.

Mais avant, Marina s'arrêterait longuement au pays de Djibouti et de Tadjoura qui avait rendu heureux au moins deux personnes, ce qui, à bien y penser, n'était pas coutumier. Elle irait d'abord se recueillir sur leurs tombes, puis tenterait de rencontrer des familles qui les auraient connus. Elle s'imprégnerait de ces paysages décrits dans la lettre d'Alma. Ils feraient des excursions en Érythrée tout près, puis en Éthiopie et en Somalie où elle voulait se rendre au cap Guardafui, là où sa tante et le boulanger avaient passé « leur première vraie nuit de noces », ainsi qu'elle l'écrivait dans sa lettre.

Au cours du long voyage, de Riyad jusqu'à La Mecque et jusqu'à Aden, au Yémen, Marina, Leïla et Chino n'eurent aucun problème. S'arrêtant pour manger ou pour dormir ou pour prendre de l'essence, ils ne rencontrèrent qu'amabilité et hospitalité. Marina et Leïla se voilaient de la tête aux pieds, Chino était leur escorte et protecteur, rien ne pouvait leur arriver.

Un jour, revenant d'Addis-Abeba – sa tante avait décrit dans les moindres détails les merveilleux voyages en chemin de fer qu'ils faisaient deux fois l'an, son amoureux et elle, entre Djibouti et Addis-Abeba –, ils s'apprêtaient à regagner leur hôtel quand ils virent descendre d'une Jaguar noire aux vitres teintées deux colosses portant complet noir et verres fumés. Ces sinistres corbeaux étaient en fait des sbires d'Asim venus les cueillir. « Nous ne mîmes pas beaucoup de temps à le comprendre tant leurs mots étaient précis et leurs gestes clairs – comment avaient-ils suivi notre trace, ça, nous ne le sûmes jamais ; l'un s'empara de Chino, l'autre nous accompagna, Leïla et moi, jusqu'à nos chambres, nous intimant l'ordre de ficeler au plus vite nos bagages. Il régla la note de l'hôtel.

« Le voyage de retour s'effectua d'une traite, et dans deux voitures : Leïla et moi dans la Jaguar et Chino dans la sienne avec le second matamore. L'arrivée à la maison d'Asim fut tout aussi funeste, mais j'aurais cru Asim violent, ce qu'il ne fut pas – je compris par la suite pourquoi. Je fus, pour ma part, séquestrée dans mes appartements sous la garde d'une femme titanesque qui n'entendait ni à rire ni à parler, qui me fit me déshabiller, inspecta mes vêtements, en retira, enragée, les billets cousus, m'ordonna de prendre un bain qu'elle fit couler à toute vapeur et me lança à la fin le plateau du souper, pitance de prisonnière que j'avalai tout de même, j'étais morte de faim.

« Le lendemain, après une nuit opaque, sans étoiles et sans rêves, ce fut le soleil éclatant qui me réveilla. J'étais surprise d'être là, dans ce lit que j'avais fui avec jubilation. Et j'étais étonnée de ne pas souffrir. Insensible, l'âme froide, je m'assis dans mon lit, attendant que quelque chose se passe et prévoyant le pire.

« Je vivais ce retour abrupt comme un avortement de rêve. Le premier avortement ayant été suivi d'une hystérectomie, je me demandais si de ce second résulterait une lobotomie. Rien ne se passa de tout le jour, sauf la prise de repas maigrelets sous le regard malveillant de ma sentinelle. Je me triturais les méninges à essayer d'imaginer où se trouvaient Leïla et Chino. J'envisageais toutes les hypothèses (torture, prison, mort) et chacune me faisait frémir.

« Le soir venu, Asim frappa à ma porte et entra en coup de vent après avoir congédié ma matrone. Avec un air paniqué que je ne lui connaissais pas – émanait de lui une espèce de douceur fragile qui me le rendit, pour la première fois, sympathique –, à toute vitesse il me dit de préparer mes bagages, nous devions partir, quitter l'Arabie Saoudite pour le Liban où d'importantes affaires l'attendaient. Me dit aussi qu'il avait fait déporter Leïla-la-traîtresse en Algérie, son pays et qu'il lui avait accordé le privilège d'emmener avec elle son chauffeur d'amant chinois, il avait des contacts importants en Algérie chez les hauts gradés de l'armée, tout s'était arrangé, "inch'Allah ! Je plains les patrons pour qui ces porcs de serpents de putains venimeux travailleront !"

« La nuit même, nous prenions l'avion pour Beyrouth.

« Là, au Liban, nous menions aussi grand train de vie. Je fus sous haute surveillance, jour et nuit. Asim vaquait à ses affaires mystérieuses, continuait d'aller "chez les putes" et espérait encore trouver la perle qu'il épouserait et qui lui donnerait un héritier. Il recommença à me battre, pour un oui, pour un non, je ne sus jamais pourquoi. Puis il devint religieux, allait à la mosquée régulièrement, en revenait l'air sombre et suspicieux.

« Et la guerre éclata ! L'horreur, vous connaissez. Je n'y entendais rien. Tous ces groupes, toutes ces ethnies, toutes ces religions. C'était la guerre civile et la guerre prenait autant de visages qu'il y avait de clans. J'avais appris l'arabe en Arabie et je comprenais mal leur arabe à eux. Les seuls bons moments furent ceux où nous devions nous réfugier dans les abris. Là, je me sentais libre, plus personne ne m'épiait, je faisais des rencontres, j'eus des amis – surtout des femmes, les hommes étaient partis à la guerre ou en prison ou à la mort, comme ici –, nous parlions librement, la peur et le danger levaient nos préjugés, nos tabous, j'ai vu des femmes qui disaient aimer pour la première fois et d'autres qui se réjouissaient juste à la pensée de n'être pas battues, comme en temps de paix, en revenant à la maison. J'ai vu des enfants qui pleuraient de frayeur et qui, le calme revenu, se mettaient à jouer et à chanter – et j'éprouvai ce désir, inconnu jusque-là, de mettre au monde un enfant, doublé de l'inconsolable chagrin de n'en plus jamais pouvoir porter.

« Un après-midi où Beyrouth semblait faire la sieste, j'entendis tout à coup des bruits de bottes dans le vestibule, des hommes entrèrent que je ne reconnus pas, vociférant à bout de souffle. Ils me demandèrent de les conduire au salon, m'annoncèrent de but en blanc qu'Asim était mort, il avait été assassiné, on l'avait "liquidé", disaient-ils, pour des affaires louches dont ils ne pouvaient m'entretenir. Ils m'informèrent que j'avais six heures pour plier bagage, me remirent un billet d'avion en première classe pour Sarajevo, puis une enveloppe contenant une impressionnante liasse de dollars US que je me suis d'ailleurs fait voler à mon arrivée ici. Ces inconnus me dirent que j'avais de la chance d'être une beauté et de ne rien connaître aux affaires d'Asim. Avec désinvolture, ils me firent savoir qu'un chauffeur viendrait me chercher pour me conduire à l'aéroport, ajoutèrent que je devrais, à l'avenir, tenir secrète notre rencontre, sinon je serais à mon tour "liquidée", où que je sois.

« Je ne sus jamais qui avait tué Asim – ni pourquoi ni comment. Je compris qu'en temps de guerre il n'y a plus de loi et d'État de droit. Et je compris aussi que les guerres sont déclenchées par les hors-la-loi qui veulent être rois.

« Peu de temps après mon arrivée à Sarajevo, la guerre éclata ici. Le croiriez-vous, les filles, si je vous disais que, malgré ma haine de la guerre, il y a, au fin fond de mon âme, un abri secret où je l'aime. Je vais vous dire pourquoi : la première guerre que j'ai connue, au Liban, m'a libérée de mon bourreau et la seconde, ici, m'a donné mon amour. »

Adila et Bosnia s'étaient assoupies.

« Entendez-vous, les filles ? La guerre, je ne peux pas la honnir complètement. Mais les guerriers, je les emmerde ! »

Adila ouvrit un œil et eut juste assez d'énergie pour dire : « Ma biche, tu ne crois pas qu'on devrait dormir ? »

VIII

Le ciel était de couleur myosotis, comme il arrive certains matins bleus d'hiver. Sans faire la grasse matinée, ce qui aurait été chimérique dans ces temps de froid et de privation, les trois amies s'attardèrent tout de même au lit ce matin-là. Il y avait eu tant de bombardements la veille qu'elles avaient dû passer une partie de la soirée et de la nuit à l'abri, dans la cave. Elles n'avaient plus d'eau ni de bois et à peine de quoi manger. La journée serait rude, c'était toujours à ses risques et périls que l'on partait refaire ses réserves de survie. Il y avait bien longtemps que n'existaient plus les petits marchés en plein air. Ils étaient devenus des cibles trop faciles à viser et, de toute façon, on avait brûlé au jour le jour le bois des échoppes et des caissons et autres calebasses pour se chauffer, tout simplement. Sans compter que la plupart des petits propriétaires – boulangers, bouchers, épiciers – avaient disparu. Il restait les femmes, bien sûr, mais elles avaient tant à faire de leur côté pour dénicher ce qu'il fallait à la survie de la marmaille. Il y avait bien longtemps aussi qu'on ne cherchait plus viande, œufs, beurre, lait – les vaches et les poules avaient disparu avec le reste.

Mais un marché noir s'était tout de même développé en ville, dont certains Serbes étaient les artisans. Guerre ou pas, le commerce vivrait, licite ou illicite. C'est pour leur subsistance que les humains, depuis la nuit des temps, ont instauré l'échange: de marchandises, d'argent ou même de corps humains, dans les mariages ou la prostitution. C'est pour leur survie que, depuis toujours, les humains ont commencé à échanger des paroles, créant des mots pour comprendre entre eux ce dont ils avaient besoin – inventant des chiffres aussi afin de pouvoir mesurer la valeur de ce qu'ils devaient échanger. Un marché noir s'était donc tout naturellement développé depuis le début du siège de Sarajevo et son temps de disette. En période d'indigence extrême, vaut mieux commercer clandestinement, ou même voler, que de devenir cannibale, manger son prochain pour survivre.

Je ne peux pas m'imaginer dévorant mes deux amies, pensa Bosnia, j'aimerais mieux mourir moi-même: «On a beau faire la guerre comme des sauvages, dit-elle à ses amies. C'est quand même moins pire que d'être cannibales.» Ces propos réveillèrent complètement les deux autres. «Qu'est-ce que c'est que cette histoire de cannibalisme? dit Adila, rêves-tu, délires-tu?»

Mais personne n'avait l'énergie d'entamer une discussion. On avait faim, on avait soif. On avait froid. Comme il était de plus en plus difficile d'aller chercher le bois là où il se trouvait naturellement – dans les boisés, au bas des collines – puisque c'était dans ces parages que les snipers les attendaient du haut de leur promontoire, le canon pointé sur leurs cibles, et que, dehors, dans les rues et ruelles, tout ce qu'il y avait à démolir pour se chauffer l'avait été, il ne restait plus qu'à déambuler à travers les immeubles éventrés ou bien à sacrifier ses propres meubles, pattes de chaises ou de lits de bois, bras des fauteuils, barreaux – «mais pas la table, non jamais, disait Adila, on ne va quand même pas manger par terre» (ce qu'elles firent, hélas, l'hiver suivant) et « pas les livres, ajoutait Bosnia, moi, les livres, c'est ma vie ». Et elle disait, déterminée et rêveuse : « S'il n'y avait plus de livres, j'en écrirais juste pour pouvoir encore lire… » Adila et Marina se regardaient d'un air entendu : « Où trouverait-elle donc les papiers, la pauvre ? », mais elles ne disaient rien, ne voulaient pas blesser leur amie, il y avait bien assez d'épreuves avec la vie normale, on n'était pas pour s'en rajouter entre nous. Et qu'est-ce que la vie normale, après tout, avaient-elles l'air de se dire, qu'est-ce que la vie normale ? on ne le savait plus, « est-ce qu'il n'est pas normal d'être fou en temps de guerre ? » demanda Adila. Personne ne répondit, la réponse se trouvait au cœur de la question.

Bosnia se dit que, après les courses du matin, elle se rendrait voir sa mère à l'hôpital psychiatrique – elle ne s'était pas encore senti la force d'y aller –, elle lui apporterait quelques petites douceurs à manger (« Al-Lât, toi, le Dieu tout-maternant, fais que je trouve des gâteries pour maman ! »), puis la partita de Bach remonta du fond de son labyrinthe intérieur, elle entendit clairement chaque note, comme si elle-même les avait écrites, revint au ciel bleu myosotis d'hiver qui avait entouré son réveil d'un long châle, vit à la fenêtre que cette beauté n'était plus, de lourds nuages annonçant la tempête recouvraient la ville : « Dépêchons-nous, il faut sortir avant la neige, il y aura des bourrasques, il vente… », Bosnia n'eut pas le temps de terminer sa phrase, des coups retentirent à la porte, toutes trois s'y rendirent sur la pointe des pieds, y collèrent l'oreille, retenant leur souffle, elles entendirent, soufflés plutôt qu'articulés, ces mots seuls « ouvrez-moi » et reconnurent la voix d'Adem. Elles ouvrirent. C'était bien Adem, pas revu depuis le jour de novembre où elles l'avaient vainement attendu en buvant du raki. Adem, amaigri, bien sûr, les cheveux longs et la barbe en broussaille, les bras et le dos chargés de sacs qu'il laissa choir dans l'appartement, une fois la porte refermée ; Adem qui leur souriait encore de toute la beauté de ses dents immaculées – ce qui était exceptionnel par les temps qui couraient –, Adem qui les embrassa toutes les trois enlacées, Adem dont tout le corps tremblait et qui avait au fond des yeux comme une rage mortelle, un air de colère froide qu'elles ne lui connaissaient pas.

Il montra ses sacs par terre et leur dit : « Servez-vous, c'est pour vous », puis il marmonna qu'il voulait dormir. Bosnia lui indiqua son petit lit de fer. Adem s'affala tout habillé. Dans l'instant qui suivit, elles virent qu'il dormait profondément. Sa respiration venait de très loin, du fond du corps, on aurait dit, remontant d'un gouffre qu'elle n'aurait pas gravi depuis des jours et des nuits. Et ce souffle caverneux surgi du plus intime, additionné à l'odeur de forêt et de rivière que tout son corps dégageait, remplissait le petit appartement de cette étrangeté des grands espaces entrevus seulement dans les songes – et Bosnia pensa à son frère Mumo, son semblable, son jumeau, c'est ainsi qu'elle désirait l'homme qu'elle aimerait : sauvage et tendre, beau comme Mumo, beau comme Adem.

Bosnia fut tirée de sa rêverie par les rires de ses deux amies. Elles déballaient les sacs, que de merveilles ! Dans l'un, il y avait des fagots, des briquettes et des allumettes ; dans l'autre, des œufs, du lait, du pain, des haricots blancs, de l'oignon, du navet, un morceau de lard et un peu de chocolat. Pour aujourd'hui, il ne leur restait plus qu'à chercher de l'eau.

(Où donc Adem trouvait-il toujours fortune ? Il leur dirait au réveil, autour du plat de haricots au lard qui aurait mitonné tout le jour, qu'il venait de s'engager dans l'armée bosniaque de résistance et que là, à la caserne, il avait obtenu des victuailles du commandant.)

Adila, Bosnia et Marina devisèrent des plans de la journée, au rythme de la respiration de leur ami, buvant un chocolat au lait chaud avec du pain de munition, noir et nourrissant, qu'elles trempaient par petits morceaux dans le bol fumant. Adila resterait à la maison pour cuire le plat de haricots, Bosnia et Marina, chargées de bouteilles et de seaux, se mettraient en quête d'eau – elles connaissaient tous les lieux sûrs où des plombiers improvisés avaient installé une robinetterie bancale branchée sur quelque nappe souterraine que des sourciers avaient trouvée. Sur le chemin des ruelles où l'on allait s'approvisionner, elles se diraient ce matin-là où s'annonçait la neige avec ses bourrasques que rien ne pouvait empêcher les artistes de s'exprimer, pas même la guerre – « tu vois, affirmerait Marina, il y a dans les camps de réfugiés et dans les maisons anonymes des musiciens qui continuent de composer, j'en ai connu un, au Liban, qui nous jouait à l'harmonica ses dernières trouvailles ; il y a des romanciers qui continuent d'écrire, des poètes qui chantent encore et des peintres qui vont, paraît-il, jusqu'à figurer la beauté des ruines ; et tu vois, il y a encore des sourciers qui savent, même sous la pluie d'obus, entendre couler l'eau dans les souterrains ».

Bosnia scrutait le ciel. La tempête s'en venait. Elles s'habillèrent chaudement : bonnets, écharpes, bottes et gants. Bosnia n'avait pas mis son bonnet depuis l'hiver dernier. Elle revit soudain sa mère le tricoter dans leur maison du bord de la rivière, pas loin de Tuzla. Sa mère qui n'était pas folle alors. Elle revit son frère Mumo et son père Ismet. Elle enfouit son visage dans le bonnet de laine douce, huma l'odeur des mains de sa mère qui sentaient toujours le savon de pays, se retint de pleurer car, si elle recommençait, elle en aurait pour toute la journée, elle le sentait. Puis, décida d'aller un autre jour à l'hôpital psychiatrique. La folie lui faisait mal et peur. Elle se dit qu'il fallait faire attention. « En ces temps de tumulte, si possible, pas plus d'une grande émotion quotidienne. » Elle jeta un coup d'œil à Adem. Pourrait-elle l'aimer ? Qui aurait pu imaginer qu'en temps de guerre on puisse à ce point désirer aimer ? Elle chassa cette rêverie, comme le vent des hauteurs balaie les nuages.

Déjà sur le palier, elle entendit la voix d'Adila : « Vous ne pouvez pas essayer de nous trouver un morceau de mouton ? »

IX

Bosnia et Marina étaient revenues avec l'eau. C'était si lourd à monter, toutes ces bouteilles dans les sacs à dos, ces seaux pendus à chaque bras. Chargées comme des bêtes de somme, elles gravissaient toutes courbées les cinq étages de l'immeuble, « c'est comme ça qu'on vieillit, dit, essoufflée, Marina. Avec ces fardeaux, tu vois, on doit perdre une année à chaque étage, c'est comme ça qu'on va avoir les jambes pleines de varices, les cheveux tout blanchis avant l'heure, c'est comme ça qu'on meurt à petit feu avant même d'avoir embrassé la vie, moi aussi, j'aimerais partir, j'aimerais que nous fassions toutes trois les démarches pour l'exil, mais Adila, elle, préfère rester, elle dit que, s'il faut disparaître, elle veut mourir parmi les siens et, moi, j'aime Adila, tu vois, partir sans Adila, c'est comme mourir à moi-même, avant de connaître Adila, je croyais que je serais inconsolable jusqu'à la fin de mes jours, je m'étais résignée à l'affliction incurable, je croyais que c'était ça, la vie, et Adila est venue comme d'une outre-vie me redonner la joie, je ne saurais t'expliquer le comment ni le pourquoi, c'est parce que c'était elle, c'est parce que c'était moi, c'est si mystérieux l'amour – tu verras, tu aimeras toi aussi, petite Bosnia, tu aimeras et tu seras aimée. »

Toutes deux assises sur une marche entre deux paliers, elles avaient posé leurs fardeaux, Marina tenait

Bosnia par les épaules, caressant ses cheveux noirs comme du jais, « tu es une vraie petite Bosniaque », lui dit-elle, puis elle l'embrassa sur la joue et se mit à pleurer. Des larmes coulaient librement, aujourd'hui qu'elle n'avait plus à lutter contre personne, maintenant qu'elle n'avait plus à se battre que pour survivre. La guerre faite à son corps qu'elle avait connue par la violence d'Asim, cette guerre-là n'existait plus. Il y avait l'autre, faite au corps de son peuple, mais cela s'arrêterait un jour, elle en était certaine et les bourreaux seraient punis. On commençait à parler tout autour, quand elles se glissaient dehors en quête de bois, d'eau ou de nourriture ou bien quand elles se trouvaient avec des inconnus dans les abris, on annonçait que la communauté internationale s'engageait, s'impliquait, on disait même que l'ONU était du côté des Bosniaques musulmans et que les Croates eux-mêmes devenaient leurs alliés, « il y a toutes les raisons d'espérer, ma petite résistante, toutes les raisons d'espérer la fin de ce carnage. Et puis la naissance, pour toi, d'un grand amour. » Marina sécha ses larmes, « mais qu'il est doux de pleurer quand on est amoureux », pensa-t-elle tout bas.

Elles reprirent leur ascension. Venue de l'appartement, une odeur de haricots à l'oignon et au lard leur donna des ailes jusqu'en haut.

Adem sortit de son lourd sommeil en fin d'après-midi. Il avait faim mais voulait d'abord se laver. Ça tombait bien, il y avait une pleine bouteille réservée pour lui. Ils avaient tous appris à faire leur toilette, de la tête aux pieds, avec à peine un seul litre d'eau froide, c'était là une science que seuls les plus démunis connaissaient et tous quatre avaient cette fierté de la posséder. Des vêtements pendaient sur une corde tendue non loin de l'âtre – avec un seul autre seau, les trois filles avaient fait leur lessive dans l'après-midi. La table était dressée : quatre simples couverts sur le bois brut de la table et, au centre, le chaudron de haricots au lard.

Adem raconta : avant de s'enrôler à la caserne, il s'était rendu pour la première fois dans son village, à Modriča, là où habitait sa famille et où il n'était plus retourné depuis son arrivée à Sarajevo pour étudier le droit, il y avait trois ans. Il savait que cette région tout entière avait été envahie par les soldats serbes de Doboj, aidés des Tchetniks locaux. Il voulait retrouver sa famille, se rendre d'abord par mesure de précaution chez le docteur F., son professeur d'histoire au lycée, Serbe lui aussi, mais démocrate et pacifiste – contre les tenants d'une « Grande-Serbie de race pure et supérieure », comme il leur disait souvent. Adem se mit en route, marcha des jours à pied vers la rivière Bosna qu'il traversa une nuit sur un petit pont vieillot qu'il avait souvent emprunté. La région, il la connaissait comme le fond de sa poche tant il l'avait sillonnée, tout jeune, avec son père ou ses oncles, pour aller vendre les produits de leur ferme aux marchés environnants – il y avait aussi chassé le petit gibier à chaque automne et pêché, les printemps et les étés.

(Il sortit de la poche de sa veste un livre écrit par un des leurs, Velibor Čolić, lorsqu'il se trouvait au camp de réfugiés de Slavonski Brod : « Vous lirez, dit Adem, vous lirez tous ces témoignages, vous comprendrez mieux, vous comprendrez ce que j'ai vécu quand j'ai retrouvé mes parents*. »)

C'était la veuve du professeur F. qui lui avait remis le livre, « tu seras moins seul, mon enfant, quand tu sauras ce que tous ces autres ont vécu, le nombre de témoignages ne diminue ni ne soustrait l'horreur des massacres,

* Le livre, *Les Bosniaques*, a été publié en 1993, puis traduit du serbo-croate par Mireille Robin et édité en France, au Serpent à Plumes, en 2000.

mais il crée une solidarité curative entre ceux qui s'en sont sortis ». C'est elle qui lui apprit dans quelle ferme les résistants serbes avaient caché ses parents dont la maison et les dépendances étaient maintenant occupées par une famille serbe venue d'Herzégovine. Elle, Liliane, qui était aussi doctoresse en médecine, lui raconta en quelles circonstances son mari avait été enlevé, puis torturé à mort – on lui avait envoyé le pauvre corps trois jours plus tard, elle l'avait inhumé et le pleurait depuis ; pourquoi, à elle, on n'avait rien fait ? Elle n'en savait rien et ne le saurait sans doute jamais.

Les quatre amis, le souper terminé et la vaisselle lavée, vinrent s'installer en silence près du feu, enroulés dans des couvertures de laine, assis sur des coussins. Adem voulait parler, les trois filles le sentaient bien. Il sortit un paquet de cigarettes, leur en offrit (à la caserne, on n'en manquait jamais), tous s'allumèrent. Parmi les volutes de la fumée et le crépitement du bois sec, les paroles d'Adem, si graves, se joignaient à la danse macabre des détonations tout autour de la ville qui, elles, se mêlaient aux jappements des chiens perdus. Adem poursuivit son récit. Chez la doctoresse, il avait dormi tout le jour et avait repris la route dès la pénombre venue. Depuis tout jeune, à la chasse, il avait appris à voir dans le noir et à marcher comme un loup sans être entendu. La grange dont la doctoresse avait parlé se trouvait à une vingtaine de kilomètres, à l'est de Modriča. Il n'avait besoin ni de carte ni de boussole, savait très bien par quels chemins de broussailles et de roches, et à travers quels champs d'avoine et de blé, il devait passer. Il le savait exactement, sentant le plaisir d'être à la fois sa monture et son propre cavalier. Tout au long du parcours, il éprouva le bonheur de retrouver les odeurs de son enfance terrienne, foin coupé sur lequel les premières gelées ont saupoudré leur parfum, pourriture noble des feuilles tombées mélangée à la gomme séchée des conifères, fumet des animaux qu'il sentait tout autour, remugle d'été venu s'échouer dans les sous-bois, parfum paysan charrié par le vent d'est sur ce pays qu'il avait tant aimé. À l'ivresse qui était sienne dans cette nuit si sombre, venaient se fondre la peur de tomber dans une embuscade et surtout l'inquiétude de ne pas retrouver les siens: sa mère et sa grand-mère, son père et l'oncle paternel qui avait toujours vécu avec eux, et ses deux petites sœurs, Aïda et Malenka, nées quand il avait dix et douze ans. Elles étaient si mignonnes qu'il n'avait de cesse de les prendre dans ses bras et de leur chanter des chansons pour ne pas pleurer avec elles les malheurs de ce monde maudit.

C'est à l'aube qu'il parvint à la ferme. Il se cacha derrière un buisson, observa la maison, puis la grange, scruta le moindre détail, à l'affût du moindre bruit. Tout semblait dormir d'un sommeil profond, humains, animaux et même la nature givrée. Rien ne bougeait. Il attendit que le soleil se lève pour de bon avant de s'avancer. Puis, en pleine clarté, comme rien encore n'avait bronché, il marcha lentement vers la maison, voulut en faire prestement le tour avant de frapper à la porte et, pour ne pas les apeurer, s'approcha en sifflotant un air qui était celui de son père quand il s'en allait aux champs; contournant la maison du côté de la façade sud, il vit, « mais là, je ne peux pas continuer, dit-il, c'est la mort en personne qui vint me rencontrer... ».

Il reprit, d'une voix tremblante: « Je vis, entre la grange et la maison, empalées sur des piquets, les têtes de ma mère et de ma grand-mère, de mon père, de mon oncle et de mes deux petites sœurs. Il n'y avait pas leurs corps aux alentours. Seul celui du chien éventré gisait là sur le sol. Je vis ça, eux, et je ne suis pas mort. J'ai vu les têtes coupées des miens et je ne suis pas devenu fou. Je n'ai ni crié ni pleuré. Ni senti le froid de ma colère ni vu la profondeur de la bêtise humaine. J'ai seulement arraché les piquets, enlevé délicatement les têtes, refermé les paupières. Je suis allé dans la maison chercher des draps et des couvertures pour les linceuls, j'ai baisé chacun des fronts, chacune des bouches et j'ai recouvert chacune des têtes de ces suaires doux. Et j'ai creusé une immense tombe à même la terre avec une pioche trouvée dans la grange, tombe dans laquelle je les ai placés tous ensemble. Une fois que j'eus comblé la fosse, je me suis couché de tout mon long sur cette sépulture de misère, j'ai psalmodié ces incantations sacrées apprises de mes grands-pères, grands-mères, père et mère, je savais en ce moment précis que je priais pour la dernière fois. Pour eux, je priais. Pour moi, c'était la dernière fois.

« Après quoi, j'ai crié. Un cri qui a fendu mon corps et fendu la terre et fendu le ciel. Un cri qui a fait le tour de l'univers et qui a emporté avec lui mon âme. Un peu plus tard, j'ai enterré notre chien Milo. »

Adem demanda à Bosnia : « Tu veux bien me passer le paquet de cigarettes ? »

X

Adem avait demandé à son commandant la permission de quitter la caserne durant deux jours, il avait besoin de revoir les siens, disait-il. Quand un peuple est assailli, les allées et venues de l'armée des résistants ne sont pas régies par les lois militaires habituelles. On connaît la vaillance et le courage des enrôlés volontaires, mais on sait aussi qu'ils ont d'autres devoirs que ceux liés au combat – celui, par exemple, d'aller enterrer les leurs ou encore de fouiller dans les débris des maisons pour les retrouver. Le commandant Milovan, qui, avant l'assaut sur Sarajevo, était bijoutier de son métier, dit: « Bien sûr, Adem, tu vas retrouver les tiens le temps qu'il te faudra », ne sachant pas que « les siens », c'étaient Adila, Bosnia et Marina – et l'eût-il su qu'il aurait souri, lui aurait donné une petite tape sur l'épaule et aurait acquiescé. Dès son retour du pays de Modriča, Adem s'était rendu à la caserne et enrôlé. Il ne pouvait désormais envisager sa vie sans venger les siens – et tuer autant de fois qu'il le faudrait les assassins de son peuple.

Il resterait donc deux jours chez les filles, comme il les appelait. Il reviendrait aussi souvent que la guerre le lui permettrait. Il s'installa par terre sur les coussins, entendit ses amies respirer de sommeil, songea à Adila et Marina qui s'aimaient, se dit qu'il n'avait jamais vu dans sa vie d'avant l'amour entre deux femmes – peut-être que cela avait existé, mais lui n'y avait pas prêté attention –, trouva que l'amour, c'était la chose la plus précieuse au monde, après l'horreur qu'il avait connue, après les fruits de la haine exhibés comme des trophées par des pervers qui s'étaient servis des êtres pour lui les plus chers, les plus aimés, afin d'illustrer le mal et l'abjection, après l'obscénité dont il avait été contraint par la vie à être témoin, après ce mal meurtrier qui, tel un cancer, gruge la vie jusqu'à la fibre. Adem se dit encore que toute marque d'amour entre deux êtres était définitivement la meilleure chose du monde et qu'après la guerre, si jamais il y avait un après, cette connaissance-là passerait au-dessus de tout le reste, carrière, réussite professionnelle – et richesse matérielle dont il avait toujours rêvé jusque-là. Il se dit aussi que, même si son âme était morte quand il s'était couché, criant sa révolte, sur la tombe des siens, il se sentait bien ici. Qu'il y avait chez ces filles une chaleur aussi douce que celle de l'âtre tout près.

Et il se souvint, avant de s'endormir et repensant à son père, de cette phrase de l'écrivain Frédéric Dard dont il avait dévoré les livres : « Si j'avais su que je l'avais aimé autant, je l'aurais aimé davantage. »

Au matin, autour de la table, alors qu'ils se réchauffaient tous les quatre avec un bol de café au lait chaud en se racontant ce qu'ils appelaient des « histoires d'avant » – avant, quand ils étaient étudiants, qu'ils allaient dans les cafés avec la bande de copains, rigolaient de tout et de rien et faisaient mille projets d'avenir, avant, c'était dans une autre vie, un autre temps qu'on aurait cru antédiluvien, mais c'était il y a trois ans à peine, c'est pourquoi tout en étant jeunes encore ils se sentaient déjà vieux –, Adem, hésitant, eut toutefois ce besoin irrépressible de poursuivre son récit là où il l'avait laissé la veille. Et Adem parla encore toute la matinée.

Après l'enterrement de ses parents, après qu'il se fut allongé, il ne savait plus combien de temps, sur la terre les recouvrant, après qu'il eut déchiré son âme à crier sa révolte et son insondable chagrin, après n'avoir obtenu consolation de personne et avoir rencontré pour la première fois le grand silence des éléments, silence pesant et froid des choses dans lequel plus rien ne s'entendait, même pas le bruissement des feuilles, même pas le chuchotis des herbes, il se leva, ne sachant plus ni où ni comment marcher, se sentant à la dérive du monde – comme au bord de la terre et s'en allant chuter dans des abîmes où ça ne parlerait jamais plus – et soudain, dans cet état d'absence, il vit se mouvoir une bribe de vie : un petit chat gris s'en venait vers lui. Adem prit l'animal dans ses mains, le porta à son cou, l'entendit ronronner, il dit « chat », c'était là son premier mot d'après la mort, c'était là son premier mot d'un recommencement de vie. Il redit « chat » et partit avec lui vers la maison. Le chat avait faim, Adem trouva dans l'armoire des biscuits et dans l'entre-deux des fenêtres un litre de lait caillé. Il lui donna à manger. Sans réfléchir, tout comme l'animal, Adem à son tour mangea.

Il inspecta les lieux, c'était une maison proprette et pauvre, il reconnut bien là cette tenue de maison impeccable de sa mère. Il y avait deux chambres à coucher, deux lits dans chacune – ne voulut pas s'y attarder, humer leurs odeurs à chacun, s'allonger sur un lit, la tête enfouie dans l'oreiller, il se serait alors vautré dans la mort, ça, il le sentait bien et il sut, en cet instant précis où il quitta la chambre avec le petit chat gris au creux de son épaule, il sut parfaitement qu'il désirait vivre, c'était là le premier enseignement du grand deuil dans lequel il venait d'entrer pour toujours. Avant de retourner à la cuisine, il aperçut sur la seule commode les photos de chacun, et la sienne sur laquelle il devait avoir seize ans. Il constata que c'était bien lui, mais ne se reconnut plus. Il prit toutes les photos, les mit dans la poche intérieure de sa veste, ouvrit tous les tiroirs, fit un petit paquet de ce qu'il emporterait avec lui : bijoux qu'avaient portés sa mère et ses sœurs, poignard de son oncle, broche à cheveux de sa grand-mère, livres de comptabilité de son père. Quant au grand livre sacré, il décida de l'emporter juste pour nourrir le feu, sur la route du retour. Sur l'autre versant de la mort où le sort l'avait fait échouer, il n'avait plus besoin de ce qu'il appellerait désormais ces « comptines divines » – sa foi s'était envolée dans le monde obscur des catastrophes avec le cri de son âme qui déchira l'univers entier.

Le petit chat miaula près de la porte. Il l'ouvrit et le laissa filer.

Il venait à peine de boucler son havresac avec tout son léger barda qu'il entendit le bruit d'un gros moteur. Il regarda par la fenêtre et aperçut, s'immobilisant devant la maison, un camion bâché de l'armée serbe avec trois Tchetniks qui en sortirent, une bouteille à la main, hurlant et vociférant comme des brutes, déjà saouls comme des barriques graisseuses, tous débraillés, le béret de travers et les bottes vaseuses. Seules les kalachnikovs étaient impeccablement tenues, en position d'attaque. Adem eut le temps d'observer tous ces détails comme il l'avait fait tant de fois à la chasse. Et, comme à la chasse, il se dirigea en flèche en haut de l'échelle qui menait au grenier, prenant avec lui son barda, ouvrit, sûr de lui, la petite trappe, la referma calmement, puis se coucha dans l'entretoit et attendit. Il les entendit ouvrir avec fracas la porte, s'installer à la table de la cuisine, riant, bavant, rotant, pétant, jurant, criant à la volée des injures mêlées aux histoires scabreuses. Tout y passa : leur haine des musulmans « arriérés et sauvages », leur chasse victorieuse de « cette race de bêtes et de cons », les meurtres, les incendies, les viols. « L'humanité peut-elle être aussi méchante et dégoûtante, se disait Adem, et pourquoi?»

C'est ainsi qu'il apprit en cette soirée funeste les sévices que ces brutes avaient infligés à ses parents. Car c'étaient eux. Eux qui les avaient décapités après toutes les tortures qu'ils racontaient, comme des sadiques, en bavant de plaisir. Eux qui avaient violé les quatre femmes, la grand-mère, la mère et les deux petites sœurs, eux qui avaient profané leurs corps devant les corps ficelés du père et de l'oncle. Eux qui avaient empalé les têtes sur des piquets et chargé les corps dans le camion avant d'aller boire un coup au village et de les jeter à la rivière d'où ils revenaient. Et eux qui prévoyaient s'installer là pour la nuit, manger ce qui restait, piller maison et grange avant d'y mettre le feu et de repartir au matin vers d'autres conquêtes. Les viols de sa grand-mère, de sa mère et de ses deux petites sœurs Aïda et Malenka, ces outrages à peine imaginables sous les regards horrifiés de son père et de son oncle furent pour Adem une seconde mort et dès lors, ne pouvant ni bouger ni se précipiter sur les bourreaux comme tout son corps l'exigeait pourtant et ne pouvant pas pleurer non plus, encore moins crier, il vécut le deuxième enseignement de ce second deuil: seul, immobile et trempé de sueurs froides, il saurait maintenant faire l'apprentissage du meurtre. Il attendrait son heure.

Dans sa rage silencieuse, il put mettre son plan à exécution d'autant mieux que les trois brutes en bas commençaient à ne même plus pouvoir articuler. Ils éructaient leurs dernières insanités baveuses à travers les premiers ronflements d'un sommeil qui s'annonçait comateux. Adem attendit que tombent les trois corps par terre, ils n'eurent même pas l'énergie de se rendre jusqu'aux lits.

«Vous comprenez, dit Adem, ma rage vengeresse se doublait du pur instinct de survie: il fallait que je les tue en plein sommeil, sinon, c'était ma peau qu'ils auraient. Il fallait en quelque sorte que je me dépêche lentement, ces cochons-là pouvant se ranimer au moindre bruit, on ne sait jamais. J'ordonnai d'abord à mon corps d'arrêter de trembler, je respirai profondément mais sans bruit, par le nez seulement. Ma kalachnikov était démontée, les pièces, enroulées dans une écharpe à travers les effets de mon havresac qui se trouvait à mes pieds. Je mis du temps à l'attraper – des instants qui me semblèrent une éternité –, je le fis glisser délicatement le long de mon corps, dégageai tout aussi difficilement mes deux bras et, de mes mains enfin libres, je dénouai le sac, puis en sortis le paquet. En pleine obscurité, connaissant si bien mon arme, je réussis à la remonter. Il me restait huit balles en tout et pour tout, mais j'étais bien décidé à n'en utiliser que trois. J'avais déjà chassé l'élan dans la Forêt-Noire, en Allemagne, où habitait un oncle maternel que j'allais parfois visiter avec ma mère. Si j'avais pu viser juste un animal en mouvement, j'imaginais aisé d'abattre les trois monstres affalés sur le plancher de la cuisine.

« Je les entendais ronfler bruyamment, l'odeur de l'alcool et de la pisse s'était infiltrée à travers les fentes de la trappe que j'entrouvris doucement – de toute façon, les bruits de tonnerre de leurs corps-tonneaux me facilitaient la tâche de descendre cette petite échelle qui, heureusement, ne craquait pas. Tel un lynx, je fus en bas en un éclair et, comme ce chat sauvage que je connaissais bien, je pus distinguer les trois masses à travers la lumière diffuse de la lune – il n'y avait pas de nuages, cette nuit-là, je remerciai le ciel pour ce hasard chanceux même si je ne croyais plus, mais je fis silencieusement en mon cœur une prière profane dont j'ai oublié les mots. Je remontai lentement mon fusil à l'épaule, je visai les trois cibles à la tête, les coups partirent, un, deux, trois et ce fut tout. Ils étaient morts, je les avais tués. J'allai vérifier à la carotide comme on fait pour l'animal, ils étaient bel et bien passés de l'autre côté de la vie. Mais contrairement au rituel que m'avait enseigné à la chasse mon oncle maternel, je ne leur demandai pas pardon ni les remerciai pour la viande donnée à manger. Leur viande immonde, je la laisserais pourrir sur place. Je replaçai mon arme, repris mon barda, j'ouvris la porte où le petit chat gris m'attendait. Le jour se levait, l'air était pur et bon. Je repassai sur la tombe des miens et leur dis seulement : "C'est fait ! Dormez-en paix. Vous êtes vengés. Je dois vous quitter. Je reviendrai après la guerre et vous donnerai une vraie sépulture dans le jardin de notre maison de Modriča", puis je jetai une dernière petite motte de terre sur la tombe, après l'avoir portée à mes lèvres pour l'embrasser.

« Comprendriez-vous, les filles, si je vous disais que, pour moi, la pire horreur de la guerre, c'est que j'ai éprouvé du plaisir à les tuer ? »

XI

« Tu comprends, Bosnia, quand j'ai dit "plaisir à tuer" ces brutes, je ne parlais pas de quelque chose d'agréable, c'était plutôt une joie funeste, un fantôme en liesse qui se serait infiltré dans mes os jusqu'à la moelle ; je regardais ces corps par terre, je distinguais les filets de sang, ils m'étaient si dissemblables, ces trois-là qui m'avaient ravi mon enfance et mon bonheur, que, soudain, l'effroi m'a saisi – et le froid ; les assassins des miens ne feraient plus jamais mal à personne, j'étais soulagé, fier de mon acte, j'ai eu envie de cracher sur eux et de ricaner, mais je n'ai rien fait, tu vois, je désirais la mort – aller m'allonger à nouveau sur la tombe de mes semblables, et disparaître à mon tour. Ce plaisir-là dont je parlais ce matin, c'était celui de la mort. »

Bosnia et Adem marchaient tous les deux dans les rues de Sarajevo, elle ayant décidé d'aller voir ce jour-là sa mère et lui, de retourner à la caserne, comme promis. Ils se tenaient par la main. Parlaient. Ou bien, ne parlaient plus, mais cette même cadence de leur marche, ces rues et ruelles traversées ensemble, ce silence de la ville, et le leur, tout cela les apaisait. Même sans dire un mot, c'était comme s'ils s'étaient mutuellement consolés, comme si leur grand chagrin à chacun devenait désormais guérissable du seul fait qu'ils étaient présents l'un à l'autre. Bosnia et Adem, c'étaient deux solitudes qui créaient une compagnie favorable.

« Je ne souhaite à personne le plaisir de la mort que j'ai éprouvé en la donnant », poursuivit Adem.

Bosnia pensa au viol de ses quatorze ans. Elle revoyait cet oncle, frère aîné de son père, cet homme doux et généreux, ce grand mystique même pour qui chaque membre de la famille nourrissait estime et vénération, jamais il n'aurait manqué à ses devoirs religieux – ses quintuples prières quotidiennes à la mosquée, son ramadan et son pèlerinage annuel à La Mecque – et elle revoyait pour une millième fois la scène ineffaçable qui avait semé en elle la mort même du désir et lui avait inoculé ce désir de la mort qu'elle connaissait trop bien. Elle le revit, lui, l'oncle angélique, un jour qu'ils étaient seuls à la maison, se mettre à ressembler à un diable, devenir cynique et fou, sortir son Coran, hurler à voix haute des sourates en même temps qu'il ânonnait des obscénités, elle le revoyait se précipiter sur elle, lui arracher ses vêtements, lancer le Coran par terre à côté d'elle qu'il força à quatre pattes, par-derrière, lui défonçant vagin et rectum tout en continuant de beugler ses versets sacrés, et elle perdit connaissance dans les larmes et le sang. Jamais plus elle ne serait une enfant.

Elle se souvint de sa mère qui la prit dans ses bras, au retour des champs, qui ne voulait ni l'entendre ni lui dire un seul mot, qui lui donna un bain chaud, de la tisane d'aubier, recouvrit son corps d'huile d'amande, la massa en pleurant, la berça en lui chantant des berceuses comme quand elle était petite et resta à ses côtés jusqu'à ce qu'elle s'endormît enroulée dans un drap de lin propre dédié aux grandes cérémonies de la vie – les naissances, les morts – avec une serviette de coton blanc entre les cuisses et des douleurs au bas-ventre d'où coulait le sang.

Elle se souvenait aussi qu'au réveil son père chéri Ismet ne voulait plus lui parler ni même la regarder. L'oncle avait disparu. On ne le revit plus. Puis dans les semaines qui suivirent, son père lui dit un soir de ne jamais parler à personne de cette histoire qui avait déshonoré la famille. Il lui dit qu'elle, Sabaheta, était source du déshonneur et qu'il se devait de la punir, mais, l'aimant trop, ne pouvait pas. Ni la lapider. Ni la fouetter. Ni la brûler vive. Ne pouvait pas. Il demanda pardon à Dieu pour cette lâcheté, devant sa mère, son frère Mumo et elle, il demanda pardon, les mains refermées pour la prière et les yeux au ciel, inch'Allah!

Cela n'empêcha pas la jeune fille de vouloir se battre avec lui dans la forêt, peu de temps après la disparition de Mumo et l'internement de sa mère. Pour rejoindre avec lui le maquis, elle se fit couper les cheveux à la garçonne et porta un poignard à la ceinture. Or, quand il lui eut appris le maniement de la kalachnikov, un soir, après avoir fait ses prières à la lune et aux étoiles, il lui rappela cette histoire de viol, prononça le mot tabou, «viol», et enfin, la prenant par l'épaule et pleurant à chaudes larmes dans son cou, il lui demanda pardon. Alors ce soir-là seulement, elle put retrouver la vision pure de son enfance – ce retour nostalgique qui a le don de repousser loin la vieillesse et la mort.

À Adem, elle raconta tout. À celui qui avait mis des mots sur la rencontre du plaisir avec la mort, elle pouvait enfin dire ce qu'elle avait tu jusque-là.

Adem avait écouté sans broncher. Avant la guerre, il n'avait jamais réfléchi à la réalité du viol, avait été élevé dans la pensée qu'une femme violée était le déshonneur de sa famille, ces choses allaient de soi, on n'y regardait pas plus loin, cela semblait naturel de penser ça, naturel comme la pluie qui tombe quand crèvent les nuages ou comme la nuit qui vient après le jour. Il n'avait jamais réfléchi au fait que certains hommes prennent leur plaisir en faisant mal, jouissant parfois jusqu'à donner la mort – et du fait même de la donner. Il n'avait jamais envisagé que des mâles puissent se servir de leur sexe comme d'une arme et que le corps des femmes devenait alors pour eux l'équivalent des maisons à piller, des territoires à soumettre et à profaner. Toutes ces pensées le troublaient. Maintenant que ces femmes si proches de lui, sa grand-mère, sa mère, ses petites sœurs Aïda et Malenka et cette amie Bosnia qu'il aimait de plus en plus sans trop oser se l'avouer, maintenant que ces femmes-là qu'il chérissait tant avaient toutes subi l'ultime torture et la profanation suprême, il vit dans un accablement sans nom que l'humanité créait de toutes pièces son propre enfer, se demanda pourquoi, eut envie de vomir, puis de mourir à cette déchéance en se jetant dans la rivière Miljacka qui coule vers la mer comme la Bosna et comme toutes les rivières ou bien, tel un brave, l'arme à la main, de s'en aller vers les Alpes dinariques, cette forteresse entre les Serbes et eux, de les gravir tranquillement en attendant qu'un ennemi l'abatte. Puis, il ne se demanda plus rien et ne voulut plus mourir. Sur l'autre rive de son désespoir, une main chaude imprimait dans la sienne une pression douce.

C'était Bosnia qui le ramenait à la vie. Elle qui, malgré toutes les épreuves de sa jeune existence, demeurait intégralement dans la vie, avec ses éclats de rire à tout bout de champ ou ses larmes qui semblaient couler de source chaque fois qu'un malheur, ou bien une beauté, se pointait. Adem la regardait avec ses boucles noires et ses yeux de braise en amande – « elle ressemble à une princesse ottomane », pensa-t-il –, elle souriait encore malgré tout et semblait à chaque pas marcher de l'autre côté d'un chagrin qu'elle aurait laissé derrière elle, comme on efface les cauchemars. Il eut envie de lui dire « je t'aime », mais en fut incapable. Il y avait toujours, derrière ses yeux, ces images qui défilaient, têtes et visages méconnaissables de ceux qu'il avait tant chéris, fixés sur des piquets se découpant sur un fond de ciel sombre et muet. Les mots qui s'approchaient de l'amour ne pouvaient tout simplement pas franchir la muraille de sa bouche.

Spontanément, tous deux se dirigèrent vers le quartier Hiroshima*. Ils avaient besoin de s'asseoir, de souffler un peu tout en grillant une bonne cigarette. À travers les ruines de pierre et de béton par lesquelles entrait une lumière tamisée, ils pouvaient contempler un ciel d'hiver d'un bleu cru. D'une certaine façon, ils se sentaient là protégés – les Serbes ne bombarderaient plus ce tas de gravats, c'était fait –, mais aussi ils goûtaient une espèce d'intimité rassurante dans ce décor fait de débris et de vestiges, comme eux exactement, scène à la mesure de ce qu'ils étaient devenus. La beauté qu'ils reconnaissaient à ces sculptures accidentelles qu'étaient les décombres s'avérait la même qui se trouvait au fond d'eux-mêmes : chairs disloquées de leurs âmes en lambeaux et toutefois capables de capter la chaleur des rayons d'or comme au *premier matin du monde.*

Ils se sentaient bien parmi les ruines, parlèrent peu, suivaient les volutes des deux cigarettes dans l'air froid, se tenant toujours par la main.

« Tu sais, Bosnia, j'aimerais t'aimer. Mais je ne sais pas si je suis capable d'aimer.

– Tu vois, Adem, c'est pareil pour moi. Longtemps, j'ai connu le bonheur. Mais je ne le connais plus depuis tant de jours. On dirait que je ne le connais plus depuis toujours. »

Il baisa la paume de sa main. Elle l'embrassa sur les deux joues, ébouriffant ses cheveux, comme elle le faisait avec Mumo, petit.

Elle lui parla de la disparition de Mumo. Il dit qu'il s'informerait à la caserne auprès de tous ceux venus de partout sur le territoire s'échouer là.

---

* Quartier musulman le plus bombardé de Sarajevo, ainsi nommé par ses habitants.

Alors Bosnia lui raconta ses démarches pour émigrer et emmener sa mère avec elle, si celle-ci guérissait. L'exil est un doux rêve en même temps qu'un arrachement atroce, elle le savait, mais chez elle les visages du rêve l'emportaient. « Seules Adila et Marina sont au courant, mais elles veulent rester ici. Tu pourrais venir, toi, tu n'as plus d'attaches dans ce pays, peut-être oublierais-tu plus facilement ce que tu as enduré si tu t'en éloignais ?

– Peut-être, je ne sais pas. Il ne faut pas que je pense trop, sinon c'est l'épouvante qui me guette, j'ai le vertige du bord de terre quand les images reviennent me hanter, je pose un pied dans le vide, puis je déboule en bas du monde, ou bien en haut vu que la terre est ronde. »

(Adem sortit de sa poche un bout de papier qu'il déplia délicatement.)

« Écoute, petite Bosnia, c'est ce que je griffonne au fond des nuits gelées ou bien dans les tranchées. Je ne peux plus penser autrement :

Je réchauffe la tombe
avec mes larmes
car ils gèlent dedans
mes aimants
je demande l'arrêt du temps
la marche arrière des cadrans

Je traverse seul au monde
rivière et mer et océan
j'implore le retour-amont
que cela soit un songe seulement

J'ai crié à la porte des Dieux
leur silence dans l'effroi m'a jeté
avec mon unique tourment
abandonné

Au bout des galaxies je tombe
là où il n'est plus ni rives ni sol
et ni mémoires de rien d'avant

Des eaux tout autour tournoient
des étoiles s'en vont au vent
et sur moi chutent
des gouttes de sang »

Adem replaça dans sa poche le petit papier au poème griffonné. Il dit: « C'est comme ça seulement que l'oubli creuse son nid, c'est mon exil à moi. » Bosnia le serra très fort dans ses bras, passa ses mains sur son visage à lui et dit, chuchoté: « Je t'aime, Adem. »

En se quittant, chacun marchait à pas lents vers sa destination, Bosnia se retourna, lança à Adem qui esquissa un sourire:

« Est-ce qu'on est obligés de faire l'amour pour s'aimer ? »

XII

Les baraquements où s'entassaient les fous de tous âges avaient sinistre allure. Dès l'approche, dans une allée sans arbre où s'empilaient les ordures, Bosnia entendit des cris, puis des sons murmurés, étouffés et d'autres chantés sans cohérence musicale, sorte de mélopées atonales déchirant les lieux tristes. Ça sonnait faux et les odeurs, dès le vestibule, étaient aussi nauséabondes que celles du dehors. Ce lieu où l'on parquait les fous ressemblait à une espèce d'antichambre infernale, dantesque – la chambre étant à l'intérieur de chacun de ces malades catatoniques ou tremblants ou bien rugissant et courant se cacher sous les tables, les lits, derrière les meubles. Bosnia eut peur, extrêmement peur, encore plus que sous les bombes. Les horreurs de la guerre lui étaient devenues familières, mais à ça, qu'on appelle folie, elle se sentait complètement étrangère. Personne, jamais, à l'école ou ailleurs, n'avait mis des mots sur ce phénomène dont elle voyait d'un coup, aujourd'hui, la démesure. Ils étaient tous là, des dizaines d'êtres qu'on aurait dits déchus de leur humanité, ils étaient là sur une scène bizarre, gesticulant ou vociférant sans aucune logique repérable, ils étaient là, fourmillant sur les planchers, le long des murs, partout, certains s'agrippant comme des singes aux barreaux des fenêtres par lesquelles ils ne pouvaient s'échapper.

Quand l'un d'entre eux se précipita vers elle, sautillant comme un kangourou, et s'accrocha à ses jambes sur lesquelles il fit grimper ses mains, elle hurla comme une déchaînée et le kangourou prit la fuite aussi vite qu'il était venu. Elle voulut s'en aller, sortir au grand air – « même sous les bombes, on respire mieux qu'ici », se dit-elle –, mais se souvint que sa mère s'y trouvait, elle la chercha des yeux au milieu de ces visages hagards et blêmes, et ne la vit pas. Une matrone s'en vint tout droit vers elle – elle avait dû entendre son cri : « Vous cherchez qui, ma jolie ? demanda-t-elle d'un ton cavalier.

– Ma mère, je suis venue voir maman.

– Vous voyez pas que vous vous êtes trompée de porte ? Ici, c'est les hommes. Vous en avez de la chance, ils auraient pu vous désosser. En plus, vous êtes chez les pires. De la racaille. Des déchets. Nous, on les classe par catégories. Elle s'appelle comment, votre mère ? »

Bosnia apprit où se trouvait la porte des femmes, et que sa mère était classée parmi les « poids légers ». Elle la trouverait dans la salle 4, au bout du deuxième couloir, sur la gauche. Elle vit la mégère donner des coups de fouet à la volée, sur « son bétail », dit-elle à Bosnia, puis elle disparut dans un autre couloir. Arpentant le deuxième couloir, plutôt calme, Bosnia entendit une musique sublime venant d'une pièce vitrée ; « salle 1 » était écrit au-dessus de la porte. Elle reconnut les *Variations Goldberg* de Bach – décidément, ce musicien l'accompagnait dans ses moments de devoirs filiaux –, aperçut au fond de la salle un piano droit tout blanc dont jouait comme un maître génial un vieil homme aux cheveux longs et blancs. Bosnia se sentait en plein milieu d'un rêve. Ici, dans ce sinistre asile, une tête blanche sur piano blanc et de longues mains parcheminées d'où coulait la pure beauté – le sublime, tel qu'elle imaginait le paradis, petite ! Elle écouta ces sonorités dont la guerre l'avait radicalement privée. Elle retrouva l'émotion du concert, elle y allait souvent naguère, presque toujours avec sa mère qui, toute jeune, quand elle vivait en Roumanie avec ses parents, avait reçu une excellente formation musicale.

(Quand sa mère se remettrait à parler, elle lui demanderait comment elle avait rencontré son père, si elle l'avait aimé. Et pourquoi – comment aussi – elle s'était retrouvée un jour dans une petite ferme de la Bosnie-Herzégovine.)

Le maître génial aux cheveux blancs joua toutes les variations. Après quoi, il referma doucement le piano, remit le siège en place, sortit de la pièce sans même remarquer Bosnia, le regard ailleurs. « Il est perdu dans sa musique, pensa Bosnia, enveloppé par sa musique, ça, au moins, c'est une belle folie. »

Plusieurs femmes se trouvaient dans la salle 4, des vieilles surtout mais aussi quelques jeunes. Il y eut un grand silence quand elle entra. Toutes la regardaient, sauf une, parquée dans un coin près d'une fenêtre qu'elle fixait sans broncher : c'était sa mère, de profil, les mains croisées sur le ventre qui semblait avoir doublé de volume. Bosnia la reconnut immédiatement et se dirigea vers elle. Elle, sa mère, que Bosnia embrassa, mais cette femme-là, comme étrangère avec son regard vide parti vers le lointain que la fenêtre lui permettait d'atteindre, semblait ne pas reconnaître sa propre fille – ne même pas savoir que Bosnia était là. La tête toute droite, dans cette posture qui avait toujours été sienne, et qu'on eût pu croire hautaine quand on la connaissait mal, sa mère était là, bien présente, mais en même temps ailleurs. Bosnia fut si effrayée par cet état des choses qu'elle pensa prendre ses jambes à son cou, filer vers la sortie et courir, courir dans les rues de Sarajevo, monter quatre à quatre les escaliers de son immeuble et tomber dans les bras d'Adila et de Marina qui sauraient la rassurer. Ou bien courir, courir jusqu'à la caserne et demander au commandant Milovan de l'accepter parmi ses combattants, puis se battre et tuer jusqu'au dernier des salauds, crasseux et damnés de chrétiens par qui tous les malheurs étaient arrivés.

Et Bosnia resta. Elle approcha une chaise de celle de sa mère, regarda ses yeux vides et exorbités, puis ne regarda plus, cela faisait trop peur, trop mal. Comme sa mère, elle laissa ses yeux flotter sur le paysage délimité par la fenêtre, essaya d'imaginer une ligne d'horizon qu'elles repousseraient toutes deux vers des terres lointaines, là où la guerre n'existait pas, à travers forêts, vallées, lacs et montagnes et pourquoi pas jusqu'aux océans tout mauves quand se couchait dedans le soleil avec son feu. Elle mit son bras autour des épaules de sa mère, colla sa tête contre la sienne, et, sans même l'avoir décidé, commença à fredonner une berceuse d'il y avait longtemps, quand elle était petite et que la grand-mère à la maison chantait. Elle ne se souvenait plus des mots, juste de l'air, mais certains émergeaient des limbes de la mémoire, il y avait le mois de mai et le mois de juillet, il y avait des cerises et du muguet, puis une fiancée qui revenait d'un pré avec son grand chapeau de paille, un ruban rose flottant au vent doux, une fiancée qui descendait à la rivière rencontrer son fiancé. Bosnia sentit les larmes de sa mère couler sur sa propre joue, elle vit que la salle soudain s'était remplie d'un grand silence, interrompu parfois par quelques soubresauts de voix osant des sons, des mots – étrange chœur accompagnant la cérémonie de retrouvailles entre sa vieille petite mère et elle.

L'air de la chanson coula tout seul dans une suite de phrases qui, espérait-elle sans trop y croire, sauraient traverser la forteresse de cet esprit autrefois si éclairé et qui semblait à présent aveugle :

« Maman, si je ne suis pas venue te voir avant, c'est que j'avais très peur, depuis toujours tu sais, la folie me terrifie, et c'est aussi qu'il me fallait prendre des forces, que je me guérisse de toutes les épreuves vécues avec papa dans la forêt, après la disparition de Mumo et après la maladie de ton esprit. Je ne sais pas si tu comprends, mais il faut que je te dise: nous n'avons plus de nouvelles de Mumo, personne ne l'a vu nulle part. Et papa, ton époux, ton Ismet tant aimé, il est mort. Je veux te dire qu'il a été brave jusqu'à la fin. Il nous a défendus vaillamment, mais un jour que je revenais de la chasse au lapin, je l'ai trouvé sans vie, il avait été assassiné. Il était encore chaud. Je lui ai fermé les paupières, lui ai psalmodié toutes les prières que je pouvais, je lui ai parlé de toi, lui ai dit que je verrais à ton bien-être – je ne lui ai pas dit ton bonheur parce que le bonheur, comme tu sais, plus personne ici ne sait à quoi cela ressemble. Je lui ai fait une tombe à même la terre et je suis restée longtemps avec lui. Mais, tu comprends, pour ne pas mourir à mon tour, j'ai dû l'abandonner, j'ai mis des jours à sortir de ce maquis devenu trop dangereux pour moi toute seule. Je suis à Sarajevo, dans l'appartement que j'habitais, étudiante, avec Adila que tu connais et une amie qui s'appelle Marina. Nous sommes bien ensemble, nous survivons. La guerre continue, tu sais. Les Serbes sont enragés et veulent nous éliminer. Mais nous résistons. Nous avons maintenant une armée bosniaque qui combat, et les Croates sont de notre côté. Et la communauté internationale, paraît-il, va venir nous aider.

« La guerre continue et je suis prudente, je veux vivre, tu sais. Je reviendrai te voir aussi souvent que je pourrai. Je t'ai apporté une pomme et des petites gâteries. C'est un ami, Adem, qui s'est enrôlé à la caserne, qui m'a donné tout ça pour toi. Je veux te dire que je l'aime, Adem, et c'est la première fois de ma vie que je connais cet état de ravissement. Et te dire qu'une fois, dans la forêt, papa m'a demandé pardon pour l'histoire du viol, tu te souviens ? Il a même prononcé le mot, et il a pleuré. Un jour, je viendrai te voir avec Adem.

« Et si tu veux, si tu guéris, un jour, nous partirons ensemble dans un pays qui vit la paix. Je fais des démarches. Je t'en reparlerai. Mais il faut que tu guérisses, petite maman. Dans les autres pays, on ne veut pas accueillir de réfugiés malades, ni du corps ni de l'esprit.

« Dis-moi, maman, est-ce que tu vas guérir ? »

XIII

Il fallait bien s'y résigner, il n'y avait plus de bois. L'hiver se prolongeait dans le froid, l'hiver n'en finissait pas et il n'y avait plus de bois. De l'eau, on pouvait toujours en trouver aux fontaines artisanales, de la nourriture, on en était privés aussi, mais on finissait toujours par rencontrer quelque marchand ambulant de ces bazars clandestins et invisibles. On mangeait peu, bien sûr, souvent on était dépourvus de ce qui, en temps de paix, nous semblait essentiel – œuf, lait, beurre, viande et poisson –, mais on se débrouillait, on survivait. Pour le bois, c'était une autre histoire, il n'y en avait tout simplement plus. Plus de cadres aux fenêtres, plus de portails ou portes de bois, plus de charrettes, chariots, manches de pelles, de balais ou de râteaux et plus de meubles, on les avait brûlés au fil des jours, on s'était même habitués à ces cérémonies de deuil quotidiennes – au début, certains embrassaient les objets coutumiers, d'autres, toujours les femmes, allaient jusqu'à pleurer, puis on apprit à les lancer avec détachement au feu qui les consumerait, comme on eût fait griller des châtaignes et comme, dans l'ancienne vie, on se faisait des feux de joie. Finalement, la pire horreur de la guerre, c'est qu'on finit par vivre avec la destruction des êtres ou des objets aimés comme si ça allait de soi, comme si la mort était dans la vie normale de tous les jours. Dedans tout le temps et pas un accident.

Il n'y avait tellement plus de bois que les sept collines étaient devenues chauves, sauf pour les sommets que les snipers s'étaient gardés afin de pouvoir tirer sans être débusqués. Un jour, Bosnia vit que les sept collines ainsi rasées ressemblaient aux têtes d'Iroquois du Saint-Laurent et de la Susquehanna ; à la pénombre, sa ville sembla encerclée par ces Mohawks géants et menaçants qu'elle avait vus, adolescente, dans un livre d'histoire des Amériques. Plus personne ne pouvait se risquer à découvert sur les flancs maintenant dénudés des collines, les corps tombés là et enterrés à toute vitesse, surmontés de petites pierres ou de blocs de béton pour marquer leur présence, avaient remplacé les arbres et arbustes qui faisaient jadis les beaux jours de Sarajevo. Sarajevo était devenue une vieille femme qui aurait pleuré trop de morts et dont seuls certains initiés et amants d'antan reconnaissaient, à de fragiles indices, la beauté évanouie. Le bois était rare et les fagots dénichés par les soldats armés restaient maintenant au front, c'est-à-dire à la caserne. Après tout, c'étaient eux qui défendaient la ville assiégée depuis tant de jours, il fallait bien qu'ils se réchauffent, mangent et dorment quelque peu avant de se disséminer dans des tranchées creusées un peu partout, petites fourmis besogneuses à peine perceptibles qu'une botte adverse écrasait de temps en temps.

Il n'y avait plus de bois et les trois filles, Adila, Bosnia et Marina devaient se résigner au pire si elles ne voulaient pas devenir banquises chez elles, mourir en statues de glace qui fondraient au printemps. Il fallait donc brûler les livres ! Tout y était passé dans l'appartement : chaises et petites tables, table de cuisine, lit, étagères, portes et tablettes d'armoires et même vieux vêtements. Tout avait servi à nourrir le feu depuis que les excursions à la périphérie de Sarajevo étaient devenues trop risquées et que la caserne gardait pour elle seule le précieux bois. C'était la gorge serrée et le cœur dans l'eau qu'Adem leur avait appris la décision du commandant. Elles tenaient donc cet après-midi-là un conseil de guerre sur les livres dont on pouvait en premier se défaire et sur ceux-là que l'on se devait de conserver jusqu'à l'ultime limite. Elles avaient passé l'avant-midi à la cave, les bombardements n'avaient pas cessé depuis l'aube. Dans l'abri, elles étaient huit, femmes et enfants – le vieillard qui d'habitude se trouvait parmi elles était mort tout seul dans son appartement, on ne savait trop de quoi, c'était une voisine, venant chaque jour s'occuper de lui, qui l'y avait trouvé un matin – et l'une des femmes du groupe, une solide paysanne arrivée de Visegrad* au tout début de la guerre, les invita toutes, l'alerte passée, à venir chez elle manger du pigeon grillé à la broche et des patates cuites sur la braise. C'était de là qu'elles revenaient, le ventre plein et du rouge aux joues, leur hôtesse, la Tsigane – c'était comme ça que tous l'appelaient dans l'immeuble et personne ne connaissait rien de sa vie –, leur avait servi avec son pigeon aux patates une espèce de vin qu'on aurait dit de framboises mélangé avec de la sapinette, qui les avait réchauffées, était descendu dans leur gosier comme la foudre et remonté à la tête pour la faire aussitôt tourner. Rentrant chez elles, trois rigolotes dans les escaliers se tenant par les épaules et chantant, elles avaient vite retrouvé la réalité de la chambre froide, avaient bu un grand verre d'eau, fourré au feu les derniers copeaux, restes d'une tablette hachée grossièrement, et quelques vieilles chaussettes et là, assises sur le même lit et enroulées

* Visegrad appartient à la République serbe de Bosnie (Republika Srpska) depuis les accords de Dayton, en 1995.

dans la même grande couverture de laine pour garder la chaleur, elles tenaient leur conseil de guerre sur les livres.

Elles divisèrent donc les livres en trois catégories: ceux que l'on pouvait immédiatement sacrifier, même si cela n'allait pas sans peine, c'étaient tous leurs manuels scolaires, « on s'équipera à nouveau quand nos enfants iront à l'école », avait dit la pince-sans-rire Adila, livres de grammaire, d'histoire et de géographie, livres de mathématiques, de chimie, de botanique et de physique – et même de médecine – achetés par Adila pour ses études de sage-femme, « ça me fend le cœur mais on n'a pas le choix », dit-elle d'un ton digne, héroïque. On en fit la première pile, bouger un peu réchauffait, et on embrassa le premier livre lancé au bûcher, c'était une grammaire, hélas, « mais quand est-ce qu'on retourne à la grammaire ? » avait demandé, dépitée, Marina; deuxièmement, après l'épuisement de la première pile, ce fut au tour de la littérature, celle de la Bosnie-Herzégovine, de la Yougoslavie, de l'Europe et du monde, nombreux livres en quelque six langues accumulés par les deux résidentes de l'appartement, Adila et Bosnia, trésor augmenté au fil des années – mais ce fut Bosnia, la grande liseuse comme on l'appelait, qui dut faire le plus grand deuil, elle qui les avait trouvés ici et là dans les soldes ou reçus en cadeau depuis l'enfance, et alors, d'un ton ferme et distant qui, en fait, voulait dissimuler sa douleur, elle leur dit « ceux-là, je ne veux même pas y toucher, faites-en des piles et brûlez-les en mon absence », elle dit ça et s'en alla chercher les romans de Giono et de Dostoïevski qu'elle camoufla sous son matelas, et les deux amies firent semblant de n'avoir rien vu. Enfin, dans l'ultime dernière catégorie, on rangea les dictionnaires (serbo-croates, mais aussi tous les autres, de plusieurs langues européennes), ceux-là appartenaient aussi à Bosnia.

Et le Coran? il n'était pas question d'incendier le grand livre sacré, «ça jamais!» s'étaient-elles écriées. C'eût été sacrilège. Et dangereux. Sans être de grandes croyantes, une telle profanation, un tel acte d'impiété blasphématoire, et qui plus est par le feu, faisait planer sur elles trois la brûlante perspective de l'éternelle damnation dans l'enfer maudit. Non, pas le Coran! «Et pas la Bible», avait ajouté Marina, car il y avait une bible de poche dans la bibliothèque, donnée par son père croate et catholique quand elle était petite – talisman qu'elle avait emporté dans ses bagages, à l'insu de sa famille maternelle musulmane et d'Asim, son défunt bourreau de mari. «Pas ma petite Bible non plus, insista Marina. Du côté de mon père, notre livre sacré à nous, c'est le Nouveau Testament, nous descendons de Jésus-Christ et des apôtres, de Marie, d'Élisabeth, d'Anne et de Magdalena, c'est notre lignée millénaire.»

Regardant les livres se consumer, toutes ces lettres qui partaient en fumée, les trois amies, grignotant du pain sec et buvant à petites gorgées une tasse de chicorée chaude – elles n'avaient plus trouvé de café depuis des semaines –, se mirent à parler de Dieu, de son existence et de leurs croyances à chacune. Pour Adila, qui portait toujours le foulard quand elle sortait, la foi de l'enfance ne lui causait aucun souci et d'ailleurs, «je n'y pense à peu près jamais. Toutes les grandes questions métaphysiques ne m'ont pas intéressée à l'école et encore moins depuis le désastre de la guerre. Dieu, pour moi, il est dans les corps à soigner, l'enfant à mettre au monde, la blessure à panser, l'eau que je vais chercher tous les jours, les peines que je console tout autour de moi, inch'Allah.»

Marina, l'aînée des trois qui avait connu son lot d'épreuves, Marina, cette beauté à la chevelure d'or et aux yeux verts d'eau qui semblait parfois être revenue de tout, leur déclara: «Pour moi, je vais vous dire, la chose est simple, je ne crois plus à rien: ni à Allah, ni à Dieu, ni à Mahomet et ni même à Jésus-Christ de qui je vous ai pourtant dit être la descendante par la lignée paternelle – et c'est en même temps la pure vérité –, je ne croirai plus à rien ni à personne tant que ce monde sera mené par des dictateurs et des sanguinaires, des violeurs et des voleurs, des fabricants de carnage et des marchands d'objets de supplices, je ne croirai plus à rien ni à personne tant que le mal gouvernera ce monde de catastrophes et de pourriture. Pour moi, c'est simple, si Dieu-Allah existait vraiment, c'est la bonté qui gouvernerait le monde, car si Dieu-Allah n'est pas bon, il ne peut être l'Être suprême. Pour moi, porter le voile n'est qu'un effet du commandement des mâles pervers qui voient le sexe des femmes sur leur tête et je vais même vous dire, j'ai eu le temps de réfléchir, recluse, en Arabie Saoudite et au Liban, leur perversité, elle est double: avec le voile, c'est le sexe sur la tête que nous sommes supposées dissimuler, mais, en fait, c'est bien la tête qu'il nous faut garder cachée, c'est notre faculté de penser. Dehors, la tête et la pensée des femmes dans les ténèbres. Dedans, dans le secret des maisons et des alcôves, le vrai sexe tout cru donné à leurs obscénités voraces. J'ai beaucoup réfléchi, vous savez. Toutes leurs salades divines pour nous garder soumises à leurs désirs fornicateurs, non merci! Moi, je veux vivre. Avec Adila, j'ai connu l'amour qui ne fait pas mal. L'amour, c'est ce qui est bon entre deux êtres. C'est tout. Tu peux porter le voile dehors, mon Adila, je respecte tes croyances. Mais pour moi, basta!»

Adila s'en vint embrasser Marina, pleurant, «je ne sais pas pourquoi je pleure, la guerre, ces livres qui brûlent, Allah, Jésus-Christ, les coups, les viols, tout est tellement compliqué, je t'aime...».

Bosnia murmura presque: «Si Dieu était femme aussi, si c'était toute bonté, toute miséricorde, Al-Lât, je croirais. Je porte le foulard depuis la promesse faite à mon père Ismet quand j'ai enterré son corps, et je ne sais pas pourquoi. »

Puis, jetant un autre livre au brasier, elle ajouta :

« Vous ne pensez pas que nous devrions sortir pour l'eau ? »

XIV

Bosnia revenait dans son quartier par une ruelle longeant « l'allée des snipers* », jamais elle ne s'aventurait à découvert sur celle-ci. Elle marchait au soleil, baignait tout son corps ravi dans cette chaleur, enfin, le printemps était de retour. Se pourrait-il qu'avec la douceur du temps le bonheur soit revenu, lui fasse signe à nouveau, à elle qui n'y croyait presque plus, mais qui avait vu ces dernières semaines son empreinte? – Adem, dont la présence était pour elle pure joie; sa mère qu'elle avait tout juste quittée, avec qui elle avait pu marcher un peu dehors, qui semblait prendre du mieux et qui avait même esquissé un sourire en regardant passer une volée de cigognes semant sur leur trajet vers la Baltique des odeurs d'Afrique lointaine et de Méditerranée; puis ses chères Adila et Marina qui, par la simple magie de l'amitié, avaient su transformer en jours relativement paisibles la vie si tourmentée qui avait été sienne depuis tant de temps.

Elle sentait le soleil réchauffer la pierre meurtrie, elle humait le parfum des bourgeons gros de leurs bouquets, regardait fondre le givre aux fenêtres, coulant en

* Appelée ainsi par les habitants de Sarajevo. Cette avenue ouverte a été l'objet de tirs quotidiens pendant le siège de la ville. Plusieurs passants y sont tombés.

d'infinis dessins – autant de visages d'animaux ou d'humains, de formes connues ou inventées, comme au musée fugace des nuages –, elle entendait les dizaines de petits ruisseaux venus de la neige fondante et dans lesquels, telle que durant l'enfance, elle sautillait, légère, quasi volatile, avec, au cœur, ce sentiment de nostalgie pure qui naît lorsque le temps que l'on croyait perdu pour toujours semble revenir, sorte de compagnon inaccessible et évident tout à la fois, masqué de larmes abondantes tout autant que de rires en cascade.

« Que ferai-je du souvenir précis de cet après-midi de printemps revenu où l'on croirait la guerre enfuie quand je serai réfugiée dans un autre pays ? Pourrai-je vivre ailleurs ce que je suis devenue ici, aujourd'hui ? Et comment ? »

Bosnia n'était plus très loin de son immeuble quand, en une fraction de seconde, tout chavira : un sourd bruit d'obus se fit entendre non loin, puis des éclats de verre, une pluie de béton cassé et de cailloux tout autour, une traînée de terre à travers les vents d'une fumée noire, des cris, des pas affolés courant en tous sens, des hurlements et jappements – puis plus rien, le silence assommant de la mort entrecoupé de râles avec, ici et là, quelques bruits d'ailes de pigeons qui s'enfuient. Figée sur place, Bosnia attendit, adossée au mur contre lequel elle s'était réfugiée, à l'ombre d'un bâtiment désaffecté, en plein après-midi ensoleillé, elle se trouvait transie là où c'était sombre et humide, là où ça faisait si peur, mais elle n'éprouvait rien, immobilisée et retenant son souffle, elle attendait, attendait quoi ? Elle ne le savait pas au juste, le bombardement avait anesthésié tout son corps, et sa pensée dedans. Bientôt, elle distingua des pas furtifs de l'autre côté du mur de pierre, dans ce qu'elle savait être sa rue, et qui se dirigeaient vers l'est, où se trouvait aussi son immeuble. Elle attendit encore, puis traversa le bâtiment désaffecté, raccourci que souvent elle empruntait, et se retrouva dans sa rue inondée de soleil et jonchée de débris dans lesquels, pêle-mêle ou dispersés, gisaient des corps entiers ou déchiquetés. Des vivants commençaient à sortir des abris, déambulaient parmi les morts, comme dans un film au ralenti, Bosnia les voyait se pencher vers ce champ de ruines humaines, déplacer les corps, remettre parfois têtes et bras à leur place, muets, tous, sans cris ni mots, projetés malgré eux – femmes surtout, vieillards et enfants – sur une scène apocalyptique où leur rôle consistait à exécuter ces mêmes mouvements d'ombres humaines pour cette lente procession d'accompagnement de leurs proches au royaume inhumain des ombres.

On alignait les corps entiers ou démembrés dans la cour d'une petite maison, bombardée dès les premiers jours de la guerre, dans ce quadrilatère où s'était formé, entre les cloisons cassées, un véritable jardinet tout sauvage – on y vit même les premiers perce-neige et les premières jonquilles briller, telles de minuscules lampes mortuaires – on plaçait toutes ces enveloppes de chairs consumées déjà cadavres, c'était là qu'on allait les enterrer tous, il y avait maintenant des mois que plus personne n'allait dans les cimetières, ces lieux, naguère de *repos éternel*, étaient devenus territoires de mortels dangers, c'était bien là qu'on improviserait dans les heures suivantes une cérémonie funéraire collective, à l'image de toutes celles que l'on avait tant de fois pratiquées depuis que la mort, comme la vie, était devenue l'infernale compagne. Pour respecter la tradition, on creuserait à même la terre des trous plus profonds pour les femmes – et les femmes étant ici plus nombreuses, il faudrait creuser longtemps. L'une des plus vieilles serait élue *bula*, elle se voilerait pour la circonstance et entonnerait de si tristes hymnes qu'il y aurait fichées aux cœurs des endeuillés présents, jusqu'à la fin de leurs jours, de vives échardes qu'aucune joie, jamais, ne saurait enlever.

Comme dans un mauvais rêve, Bosnia s'avançait vers la scène macabre, cherchant partout du regard ses amies qui avaient dû se réfugier dans un abri, leur immeuble ayant été touché.

Brusquement, l'impensable, l'inadmissible vision : par terre, deux corps de femmes, main dans la main encore, puis un cri déchirant l'atmosphère, celui de Bosnia regardant ses amies mortes, Adila et Marina, puis ne voyant plus rien, Bosnia dans son cri seulement, sa vision du monde dans le noir absolu d'une terre qui se fend et s'ouvre pour l'avaler, les engloutir toutes trois, Bosnia qui hurle NON, un non se répercutant sur les sept collines de Sarajevo, qui s'en va crever les tympans des artilleurs sadiques là-haut et qui revient, déchiqueté, parmi les fossoyeurs éreintés du jardin sauvage, un NON lancé comme une bombe, qui reflue en lambeaux aux oreilles de cette petite foule, vieillards, femmes et enfants, groupe de malheur formé par l'un des accidents de l'histoire humaine, multitude silencieuse ployant sous sa tâche mortifère, addition de solitudes traversées d'un seul cri répété, celui de Bosnia fixant les corps de ses amies mortes tant aimées.

(Elle apprendrait plus tard que ses deux amies s'en revenaient de leurs courses quotidiennes quand l'obus est tombé sur leur immeuble. Comme tous les autres du quartier tués ce jour-là, elles n'avaient pas eu le temps de courir vers un abri.)

Mais pour l'heure, Bosnia ne pense pas, aucun récit ne saurait l'atteindre. Elle est dans l'inénarrable. Elle est dans l'inconcevable. Elle est dans sa vision aveugle des deux corps allongés au sol de ses amies mortes. Elle est dans son NON. Tout son corps est dans le refus. Elle est dans son cri.

Et voici qu'elle sent un bras autour de ses épaules et qu'elle entend les mots qu'elle se répétera souvent jusqu'à la fin de ses jours, elle les entend parce qu'ils sont prononcés par celui qu'elle aime, Adem, son cri cessera pour les laisser résonner jusqu'en son labyrinthe intérieur : « Petite sœur, petite Bosnia, après la cérémonie, je te conduis à la caserne, viens avec moi. J'ai demandé au commandant. Je ne veux pas t'abandonner, jamais. Nous ferons ensemble les démarches pour sortir d'ici. Nous irons vivre ailleurs. Loin. Où tu voudras. Nous emmènerons ta mère avec nous quand elle sera guérie. Petite sœur Bosnia, je t'aime. »

(C'était la gitane qui avait couru au bout de son souffle jusqu'à la caserne pour chercher Adem, le seul, dans les circonstances, qui pouvait réconforter sa jeune voisine, avait-elle pensé avec justesse.)

Bosnia saisit ce « je t'aime », elle imagina cet ailleurs où ils partiraient tous deux avec sa mère. Elle vit à nouveau ses deux amies, puis regarda Adem, vit ses yeux à lui naviguer de l'autre côté de la ligne d'horizon de la mort, son cri s'était évanoui avec les premiers mots d'Adem, elle laissa remonter du gouffre insondable de sa terre à elle – cœur, ventre, viscères – un long sanglot, flots salés, sangs mêlés, assourdi dans le creux de l'épaule d'Adem, plainte profonde et intime accompagnée des incantations de la *bula* et du croassement monotone d'un corbeau perché sur la plus haute branche d'un châtaignier calciné.

Avant de déposer en terre les deux corps de leurs amies dans la même tombe, collées l'une à l'autre ainsi qu'elles avaient vécu, ainsi qu'elles étaient mortes, Bosnia fit avec le voile d'Adila son propre linceul et, enlevant le foulard qu'elle portait depuis l'enterrement de son père Ismet, elle en recouvrit le corps de Marina. Elle dit, mais seul Adem comprit : « Pardonne-moi, papa. Sur ta tombe, j'avais fait la promesse de porter ce foulard.

Sur la tombe de mes amies, je me libère de celle-ci. » À l'oreille d'Adem, elle ajouta : « Ni Dieu ni Diable. Je suis libre. Plus jamais ça. »

En quittant le cimetière improvisé, laissant derrière eux la petite foule d'endeuillés, certains en pleurs, d'autres recueillis, mais tous en colère, Bosnia et Adem s'arrêtèrent pour contempler, non loin de la tombe commune de leurs amies, une primevère jaune brillant à la face du monde, éclat de soleil tombé là, illuminant une infime parcelle de cette nuit obscure sur Sarajevo assiégée.

Adem prit la main de Bosnia et dit seulement : « Tu viens avec moi ? »

XV

À la caserne, le commandant Milovan avait fait aménager, pas loin des cuisines, un dortoir pour les quelques femmes échouées là : mères ou sœurs de soldats, filles orphelines qui avaient tout perdu et qui ne voulaient pas se retrouver dans les bordels serbes. L'une d'elles était devenue soldate, les autres travaillaient à la cuisine ou au ménage, les plus jeunes, encore enfants, exécutaient de légères tâches. Milovan s'était dit que Bosnia, revenue de l'état de prostration dans lequel elle se trouvait depuis la mort de ses amies, ferait pour ces jeunes une excellente institutrice, ainsi que pour les trois ou quatre jeunes garçons, orphelins ramassés ici et là dans la ville, trop petits pour le maniement des armes et, tout comme les filles, pleurant souvent sur l'oreiller la disparition de leurs parents. Milovan s'était dit qu'une école ferait le plus grand bien à toute cette marmaille esseulée et désœuvrée. Mais les femmes de la caserne étaient plus ou moins analphabètes, c'est pourquoi l'arrivée de Bosnia lui sembla un vrai cadeau du ciel – surtout en ces temps maudits où ne tombaient de celui-ci que foudre et châtiment, inch'Allah.

Milovan attendait donc la guérison de Bosnia pour mettre à exécution son plan d'école. Il savait aussi que Bosnia voudrait sans doute se battre aux côtés de ses hommes et du valeureux Adem ; dans le maquis, elle avait prouvé qu'elle en était capable, mais l'école ne prendrait pas plus de trois heures par jour, elle aurait donc toute liberté de se battre le reste du temps. Qu'elle était superbe, cette jeune fille à la beauté sauvage et qu'elle était admirable cette jeunesse courageuse et vaillante, garçons et filles fougueux, parfois téméraires, que lui avait révélés la guerre, à lui, Milovan, n'ayant jamais eu ni femme ni enfants et ayant connu de son peuple ceux-là seuls qui venaient de temps en temps dans son arrière-boutique du grand bazar faire réparer leurs montres et acheter des bijoux. La guerre avait réveillé un instinct paternel sommeillant en lui, ces filles et ces garçons combattants, souvent orphelins, il les considérait comme les siens. Chaque fois que l'un d'eux tombait, fauché au combat, il se sentait touché en plein cœur, chaque deuil étant pour lui celui de cette famille insolite que la guerre lui avait donnée. Mais chaque fois aussi que l'un des garçons commettait une faute grave, comme dans cette histoire de viols de jeunes prisonnières, dont il avait eu récemment connaissance, c'était lui-même, Milovan, qui s'en trouvait offensé – et la punition du chef de famille qu'il était devenu était à la hauteur de l'offense. Le commandant se sentait donc responsable de cette jeunesse armée qui, dans ces temps hors la loi de la guerre, ne savait plus parfois faire la différence entre le bien et le mal.

(Dans la caserne de Milovan, il n'y avait pas seulement des cours sur l'art de la guerre, il y avait aussi régulièrement des temps pour la prière, *Allah Akbar*, des leçons de morale et, quand il le fallait, des procès publics où les coupables étaient condamnés et punis à la mesure du délit. Bientôt, rêvait le bijoutier Milovan devenu chef de guerre, il y aurait une école. Si la guerre continuait, il ferait construire une mosquée dans la cour de la caserne – mais sans minaret, autrement ce serait trop risqué, il ne fallait quand même pas exagérer.)

Bosnia, quant à elle, grelottait dans son petit lit, ne pensait plus, mangeait à peine, se trouvait dans les demi-teintes d'un jour illimité se confondant à la nuit, sorte de demi-monde où son être flottait, mi-rêve, mi-réel, clair-obscur, désert aride où ne se trouve plus à des kilomètres à la ronde l'oasis des larmes, tout son corps s'était réfugié dans une région de torpeur et de lassitude d'où seules les visites d'Adem la faisaient quelque peu revenir, car l'amour pour Adem demeurait la seule petite flamme encore allumée dans sa vie.

Un après-midi de pluie fine tombant toute droite à travers le rideau vaporeux des rayons obliques, l'oreille à l'écoute des gouttes sur le toit de tuiles et le regard donné à la fenêtre, elle sentit soudain une légère chaleur remontant des profondeurs du corps, lentement referma ses paupières et fit, au rythme de l'ondée, le plus beau voyage de sa vie. Il y eut d'abord cette phrase, lancinante, scandant les premiers pas rêvés hors des frontières : « Je marche sous la pluie chaude comme une infusion de camomille et je te cherche* » et les trois filles, Adila, Bosnia et Marina, montées prestement sur trois pur-sang *criolla* roux, cavalaient vers les limites de la Bosnie-Herzégovine, la phrase ponctuant le galop des chevaux superbes, « Je marche sous la pluie chaude comme une infusion de camomille et je te cherche », il y avait au loin, de l'autre côté de l'Adriatique, le visage souriant de Mumo qui les attendait et, sur le parcours, aux limites de la ville, Bosnia fit monter derrière elle Adem, qu'elle avait aperçu marchant dans la terre sablonneuse avec son fusil en bandoulière, courbé sous le poids d'un havresac rempli à ras bord, Adem aux cheveux noirs bouclés tout poussiéreux, puis, un peu plus

* Velibor Čolić, *Chronique des oubliés*, 1993. Réédité au Serpent à Plumes, en 1996 (traduction de Mireille Robin).

loin, ce fut sa mère, qui s'appelait désormais Mamouni et qui leur avait fait signe de son pouce levé comme lorsqu'on voyage en stop, sa Mamouni enfin qu'on fit grimper, elle, sur la monture d'Adila qu'elle tenait solidement par la taille.

Les trois *criolla* roux et les cinq voyageurs fendaient fougueusement l'espace, le voile d'Adila flottait au vent comme un voilier sur terre sèche tandis que les cheveux blonds de Marina se confondaient à la crinière rousse de son cheval, tous riaient, criaient, chantaient et retentissait sans cesse cette phrase, semblant venir des quatre points cardinaux, « Je marche sous la pluie chaude comme une infusion de camomille et je te cherche », cette petite phrase qui, à elle seule, illustrait pour Bosnia la promesse du bonheur revenu, un temps paradisiaque qu'elle avait cru à jamais perdu.

Au grand galop, ils traversèrent ainsi toute la Bosnie et puis la Croatie, le sud de la Slovénie, le nord de l'Italie – les Alpes ne gênant en rien leurs chevaux – pour aboutir juste en bas de la Provence, sur la mer Méditerranée, là, « Les heures sont faites d'un grand rêve où dansent les eaux d'argent », se dit Bosnia, se souvenant de Giono, les *criolla* maintenant au trot se rendirent jusqu'aux premières vagues, laissant descendre leurs cinq voyageurs, s'ébrouèrent dans la mousse salée, Bosnia se rappelait aussi un livre de légendes sacrées de son adolescence où l'on apprenait que le cheval avait été créé par Allah d'une poignée de vent et élu en même temps roi de tous les animaux domestiques, c'était pourquoi, jusqu'à la fin du monde, le cheval aimerait déplacer l'air et vénérerait le vent.

La mère Mamouni qui s'était évadée de l'asile à seule fin d'entreprendre ce voyage salvateur fut la première à descendre de sa monture, à embrasser son cheval, à remercier le vent, la première à enlever ses chaussures, puis à remonter sa jupe pour entrer dans la mer, saluant d'un cri de joie le ciel bleu comme l'eau. Les autres suivirent, lancèrent souliers et vêtements sur le sable, coururent dans les vagues à moitié nus, jouèrent en nageant leur liberté retrouvée et en lavant leurs corps des saletés de ce monde s'amusèrent jusqu'à la nuit tombée.

Le visage inondé de cette eau salée et fleurant encore l'odeur du cheval et de l'iode maritime, Bosnia revint à la conscience toute courbaturée – elle avait nagé des heures entre vagues et ressac – et, à travers ces éclats de larmes bienheureuses, elle vit enfin le visage d'Adem, pour la première fois depuis la mort de ses amies, elle le vit clairement, elle le lui dit, à lui qui couvrait ses mains et son front de petits baisers : « Allah a créé le cheval sacré d'une poignée de vent, il faut le vénérer », puis elle ajouta : « Je crois le bonheur encore possible. » Adem, ne comprenant pas grand-chose à la résurrection soudaine de sa bien-aimée, était venu lui annoncer que les démarches entreprises auprès d'Avocats sans frontières allaient bientôt porter leurs fruits. Ils auraient à choisir entre trois ou quatre pays, Allemagne, Angleterre, France ou Suède. Elle devait prendre du mieux. Il y avait des tas de documents à étudier. Le commandant était au courant. Il les aiderait financièrement, c'était ce qu'il avait dit : « Vous êtes mes deux enfants », avait déclaré solennellement Milovan.

« Petite sœur Bosnia, spontanément, quel pays choisirais-tu d'abord ? »

Deuxième partie

France

XVI

Elle était là, cette France imaginée, qui défilait sous les yeux de Bosnia pendant qu'à ses côtés Adem dormait. Elle était là, telle qu'en sa rêverie, mais le voyage lui révélait un visage méconnu fait de paysages gris dont rarement les livres lui avaient parlé. Et ces livres, si aimés et si vrais fussent-ils, n'avaient pas été écrits par des réfugiés laissant derrière eux un pays dévasté, une terre brûlée regorgeant de corps assassinés, abandonnant une enfance entière dont ne reviendraient que des lambeaux, remémorations fugaces disparaissant comme cette pluie sur les vitres du train balayées par la course effrénée dans le vent.

Elle était là et Bosnia y croyait à peine tant les dernières heures avaient avalé à toute vapeur une pleine tranche de vie sans qu'on ait eu le temps de réfléchir, de faire le point et prendre la mesure de ce qu'un tel départ signifiait dans leur vie. Leur vie à chacun et leur vie ensemble puisqu'ils s'aimaient pour de bon, Adem et elle, qu'ils avaient uni leurs destins, « pour le meilleur et pour le pire », ainsi que leur avait dit Milovan lors d'une cérémonie d'épousailles improvisée à la caserne, entourés de quelques témoins parmi leurs compagnons et compagnes d'infortune, avec le livre sacré tout de même, mais ils n'y croyaient plus et Milovan n'en savait rien, livre sur lequel ils avaient prononcé les mots de fidélité pendant que leur esprit à chacun s'était envolé loin de tout ce que ces mots-là avaient représenté pour leurs parents, ils la vivaient désormais, cette vie à chacun et ensemble dont ce voyage en train écrivait à toute vitesse le premier chapitre, vie qu'ils commençaient à chérir depuis qu'ils la partageaient tous deux, ils s'aimaient tant.

Elle était là, cette France rêvée qui défilait maintenant le long du Rhône, depuis Genève où ils avaient atterri jusqu'à Lyon où les attendait un cousin d'Adem, Mirsad, dont Adem n'avait vu qu'une photo chez ses grands-parents. Elle était là, cette France rêvée dans les livres et plus Bosnia avançait vers elle à vive allure, plus se volatilisait sa Bosnie-Herzégovine qu'elle sentait disparaître derrière son dos, comme si les espaces franchis trahissaient le temps qui, lui, avait peu bougé puisque, hier encore, ils étaient à Sarajevo, juste avant de monter dans ce camion de Médecins du monde qui leur avait fait traverser tout le pays, puis toute la Croatie jusqu'à Ljubljana en Slovénie où ils avaient pris l'avion pour Genève.

Ce temps d'hier était encore tout présent, alors que l'espace traversé la conduisait à des années-lumière de là, il y avait en Bosnia comme une distorsion des catégories, une déchirure des éléments et elle pensa que cet état paradoxal constituait le premier émoi de l'errance, sans doute son premier chagrin de réfugiée et elle se dit que, avec leurs maigres bagages, Adem et elle apportaient dans ce nouveau pays où existait la paix des semences de mélancolies et, certainement, des vestiges de colères et de violences, car à la France tant appréciée depuis sa prime jeunesse, où s'étaient formées par la lecture émotions et pensées, elle en voulait déjà de lui ravir aussi promptement les images de sa patrie.

Après les montagnes, la pluie cessa. Bosnia n'eut plus qu'à suivre le Rhône, à laver dans ses eaux la tristesse du déracinement pour la première fois ressentie, elle se laissa bercer par le roulis, prit la main chaude d'Adem dans la sienne, le regarda dormir, au moins Adem était là bien présent, filant avec elle vers l'inconnu et quittant en même temps leur pays de désastres et d'anciennes merveilles, au moins son Adem chéri dormait à ses côtés, Bosnia ferma les yeux, imagina une chambre, un lit pour eux tout seuls où ils pourraient enfin s'aimer de tout leur saoul, dans la course folle du train qui détalait plus vite que le fleuve, elle désira follement Adem, lui donna un petit baiser dans le cou, borda leurs deux corps de la petite couverture de laine qu'ils avaient reçue d'une sage-femme de Médecins du monde, elle s'appelait Anne et venait de Belgique, à demi assoupie, elle revit sa mère, désormais nommée Mamouni comme dans sa songerie des chevaux *criolla*, sa Mamouni, qui était sortie de l'hôpital psychiatrique, qui avait guéri avec la fin des hostilités et l'arrivée en Bosnie des troupes de la FORPRONU*, Mamouni que Milovan avait trouvé à loger avec l'une de ses pensionnaires de la caserne, veuve comme elle, dans un appartement squatté du centre-ville qui avait appartenu à des Serbes, comme d'autres, enfuis en Republika Srpska, Mamouni qui ne voulait pas quitter son pays et qui disait, car elle savait à nouveau parler : « Tu reviendras me voir souvent, petite Sabaheta, va refaire ta vie avec Adem, tu es jeune, toi. À mon âge, tu sais, les racines sont prises trop profondément dans la terre. Et mes racines à moi, elles vont se tresser jusqu'aux os de ton père Ismet. Ceux qui déracinent de force les vieux sont coupables d'infamie, de trahison, *Allah Akbar* ! Tu reviendras me voir souvent, petite Sabaheta. Tu m'écriras… »

Et elle avait quitté sa Mamouni par amour, parfois l'abandon est cadeau, don offert dans la ferveur

* Force de protection des Nations unies.

silencieuse à l'être aimé, quand elle l'avait embrassée sur le seuil du petit logement dénudé et squatté et qu'elle l'avait vue entourée des meubles et objets qui n'étaient pas les siens, un tablier bleu noué à sa taille, les cheveux remontés en chignon et les grosses pantoufles aux pieds, Bosnia n'avait voulu ni pleurer ni se retourner et, dans la descente des escaliers de l'immeuble, elle avait vu danser sur le palier les rayons chauds d'août que déversait la petite fenêtre aux carreaux cassés, dessinant par leurs brisures des fragments de tableaux abstraits au sol et sur les murs, elle entendit sa mère Mamouni dire en forme de prière douce « fais attention à toi, sois prudente, inch'Allah » et s'entendit crier à travers les étages « je reviendrai te voir souvent, je t'écrirai », elle sut alors qu'elle garderait toujours, jusqu'à son dernier souffle, fichées dans la mémoire du cœur, dans l'écrin le plus précieux où se trouvaient enfermés les corps de son père Ismet et de ses chères amies Adila et Marina, à ce moment précis où leurs paroles avaient flotté sur les tableaux mouvants du soleil d'août, elle eut cette certitude de conserver en elle toujours cette image de sa mère avec son chignon, son tablier bleu, ses pantoufles de même que cette voix implorante reçue dans les escaliers embrasés de soleil.

Ballottée par cette guimbarde de train, les yeux donnés aux branches et aux herbes qui ressemblaient à mille mains agitées saluant son passage, Bosnia tenta le sommeil tout en sachant qu'il ne viendrait pas, habituée qu'elle était, depuis les premières fureurs de la guerre, à cette insomnie lancinante entrecoupée de remémorations et de rêveries. Mais aux souvenirs elle ne voulait pas s'attarder, se rivant à ce devoir d'oubli auquel elle s'était astreinte pour survivre. Alors, elle invoquait l'avenir, se lançait dans d'infinis scénarios dont elle devenait forcément l'héroïne – quand on sort de l'enfer, difficile de s'inventer d'autre destin heureux que le sien –, soit elle devenait médecin, et médecin de l'esprit si possible, et elle parcourait le monde avec Adem qui, lui, serait avocat sans frontières, et ensemble ils s'en iraient aider tous ces peuples soumis aux dictatures et aux barbaries meurtrières ; soit elle devenait peintre, car il lui semblait que seuls les tableaux pourraient traduire le dessous et l'envers des mots des horreurs qu'elle avait connues – et, peut-être, redonner à elle-même et au monde un peu du bonheur en-allé sur l'autre versant des mots. Mais, dans tous les cas, elle mettrait au monde un enfant, peut-être deux, peut-être trois, qui auraient pour père son Adem adoré.

Elle regardait Adem dormir. Comme un enfant, justement. Mais, parfois, les mouvements du visage et les contractions du corps indiquaient qu'il se trouvait en plein milieu d'un cauchemar. Elle le réveillait doucement. Il n'était jamais capable de raconter. Il était dans la mort sans mots. Il n'était pas capable non plus de pleurer. Bosnia se souvenait alors de cette phrase de Julien Gracq qu'elle avait lue dans *Un balcon en forêt*, juste avant la guerre : « Il sentait battre en lui une petite vague inerte et désespérée qui était comme le bord des larmes. » Oui, Adem était au bord de tout. Au bord des larmes. Au bord du désespoir. Et même au bord de l'amour.

Quand ils faisaient l'amour, dans la petite chambre sur front de jardin où ils avaient vécu les dernières semaines, chez Milovan avec qui ils avaient définitivement quitté la caserne remise aux soldats de la SFOR*, chez ce commandant qu'ils considéraient désormais comme leur père et qui leur avait offert gîte et argent, quand leurs corps se retrouvaient enfin à eux deux tout donnés, enlacés et remplis de baisers et que les

* Force de stabilisation en Bosnie-Herzégovine (dirigée par l'OTAN).

oiseaux revenus d'on ne savait où accompagnaient leurs ébats, quand Bosnia tel un fruit mûr s'ouvrait à la jouissance, soudain Adem se retirait, ne sachant plus ni éjaculer ni même pleurer de cette peine que son impuissance infligeait au corps chaud de Bosnia « ma bien-aimée chaude et tendre », lui murmurait-il à l'oreille, ajoutant par bribes ces images qui le hantaient sans cesse et sans cesse le tenaient sur les rives du plaisir, il disait parfois désirer plonger en ce torrent souterrain d'un corps qui ne laisserait échapper aucun liquide bienheureux de sperme ou de larmes, plonger et s'y noyer tout entier, avalant les eaux torrentielles et, une fois pour toutes, jugulant ces images de ses aimants morts sur les piquets en plein ciel, et ces images des trois ennemis par terre qu'il avait tués de ses propres mains. Laissant Bosnia au bord de la jouissance, il disait seulement ne plus vouloir voir la mort en face, celle qu'il avait vue de ses propres yeux incrédules. Il disait ne plus vouloir l'avoir donnée. Puis Adem se rendormait épuisé, retournait à la nuit opaque de ses cauchemars.

Bosnia, la tête sur son torse de garçon vigoureux, pleurait pour deux, lui caressant les cheveux, le visage, se sentait prise d'un insolite vertige, le corps face à l'abîme d'une promesse avortée comme ce fruit mûr que l'on n'aurait pas cueilli avant la première gelée et qui tomberait au sol tout ratatiné.

Des larmes coulèrent sur sa joue, elle sortit de son assoupissement, vit que la nuit avait remplacé la brunante et que le paysage ne se laisserait même plus deviner – cela est le premier signe concret d'un pays que l'on ne connaît pas. Se disant cette simple évidence, elle eut très froid mais en même temps vit en plein ciel, à l'est, du côté de son pays, la lune qui, elle, n'avait pas changé. La lune et ses étoiles, les mêmes, malgré que les constellations n'étaient pas au même endroit. Elle remercia la lune et les étoiles et le ciel de l'accompagner ainsi, semblables et rassurants, dans son errance incertaine.

Puis le train ralentit, un pont sur le Rhône fut franchi et les lumières d'une ville qui semblait énorme vinrent à sa rencontre. Elle vit une gare, immense, et ces lettres qu'elle avait vues dans les livres seulement : LYON – plus loin sur la façade, en plus petit : SNCF. Elle secoua Adem qui sortit tout frais de son voyage à lui, l'embrassa, s'ébroua comme un chiot et dit : « Où sommes-nous ? »

XVII

Ce sont les cris et les pleurs de Sophie, la jeune épouse française du cousin Mirsad, qui les réveillèrent au matin. Les cris, les pleurs et les sons rauques d'un Mirsad à bout de souffle et les coups sourds d'une raclée qu'il lui donnait dans la chambre d'à côté. Sous le choc, Bosnia se réfugia, tremblante, dans les bras d'Adem qui, lui, respirait à peine, l'ouïe aux aguets, comme s'il avait instinctivement voulu comprendre la nouvelle forme de combat qui se déroulait juste là dans la chambre de son cousin rencontré la veille seulement. Mirsad et Sophie étaient venus les accueillir à la gare, et, tous quatre, ils s'en étaient allés – Mirsad au volant d'un vieux tacot cahotant – dans cet appartement de misère d'une banlieue de Lyon, ils avaient bu de la bière, mangé du jambon et du pain, puis s'étaient quittés pour la nuit, un peu grisés.

Pendant que pleuvaient les coups, giclaient sur la vitre avec le vent des flèches de pluie, concert sinistre du dehors froid accompagnant cette débauche sonore du dedans. Soudain, Bosnia ne trembla plus. Elle se vit assise toute droite dans le lit, ensuite, les deux pieds au sol, en position de combat et, sans l'avoir prémédité, un immense cri sortit de ses entrailles, un NON retentissant qui fit vibrer les cloisons, puis ces mots en cascade à l'intention de Mirsad qu'elle connaissait à peine :

« Arrête tes coups, c'est fini la torture, la guerre est terminée, arrête ça, en France, c'est la paix ! » (Dans sa tête, elle traitait Mirsad de porc et de salaud, de maquereau, de Tchetnik et d'Oustachi, d'ignoble cul-pisseux, mais elle ne dit pas ces mots-là.) Elle regarda Adem qui avait lui aussi sauté du lit, il lui fit un clin d'œil approbateur et la prit dans ses bras. Le petit appartement du cousin fut soudain rempli d'un silence intégral, comme s'il avait fait nuit noire et gelée en plein matin. Plus rien ne bougeait. On aurait dit que ces deux-là, dans la chambre d'à côté, s'étaient transformés en statues de sel – ou bien pulvérisés, soufflés par les mots de Bosnia, jusque dans les lointaines galaxies.

Mirsad ne frappait plus. Sophie ne pleurait plus.

Dans le silence sourd que les épées de pluie sur les vitres venaient animer, telles des triples croches rythmées sur une portée tragique, tous les fantômes de la guerre revinrent déambuler autour d'Adem et de Bosnia dont les corps enlacés se dirigèrent en automates vers la fenêtre pour voir la ville, et le pays qui leur avait pourtant promis la paix.

Le réel, d'un seul plan découpé par la fenêtre, montra l'étendue de sa monotonie. Ni mer, ni montagnes, ni forêts et ni même d'horizon, bouché par des barres d'immeubles gris tous semblables, alignés en hauteur les uns après les autres, chacun avec ses dizaines de cages humaines, et eux-mêmes se trouvaient dans l'une d'elles, cherchant le soleil et l'eau du fleuve, mais seule leur répondait la course dans le vent des nuages filant vers l'est, c'était ce qu'on supposait, car, après tout, ce vent pouvait être de tramontane, « ces barres font perdre le nord », murmura Adem, et Bosnia, le nez collé à la vitre fléchée de pluie froide, dit « je ne veux pas rester ici, Adem, il y a la guerre dans la maison et, dehors, nous sommes en prison, je veux voir le fleuve et la mer, et les montagnes du Roussillon et les monts du

Vaucluse, je veux voir la Méditerranée et le mont d'Or de Manosque et les Alpes à l'horizon. Viens, on va prendre un café, Adem. On va parler à ton cousin. Sophie viendra avec nous, on l'emmènera. Viens Adem, on va faire des plans dans la cuisine. »

Adem faisait les bagages. Lui aussi voulait partir au plus vite, quitte à dormir dans le Centre des réfugiés bosniaques dont Milovan lui avait parlé. Mais il avait déjà une petite idée qu'il confia à Bosnia : rappeler Milovan et lui reparler de son frère à Paris, mais, surtout, se rendre au Centre de Lyon pour voir les responsables des réfugiés bosniaques et appeler cet avocat, d'Avocats sans frontières, dont on lui avait fourni nom et coordonnées.

Ils entendirent des bruits dans la chambre. Des voix discrètes, des pas feutrés, les deux statues s'étaient remises en mouvement. Puis, des sons de robinets, la porte d'entrée qui s'ouvrait et qui se refermait. Et de la cuisinette, suave et délectable, une odeur de café. Bosnia et Adem s'y rendirent doucement, sur la pointe des pieds.

Assise à la table, un bol de café dans les mains, se tenait Sophie, l'air d'un petit animal effarouché, si belle, si douce, les yeux rougis et gonflés, la lèvre supérieure fendue – elle y appliquait une compresse d'où coulait un filet de sang qu'elle essuyait maladroitement, en tentant de la camoufler –, Sophie si jeune qui n'avait connu de la guerre que celle-ci, vécue dans la clandestinité de leurs quatre murs de jeunes mariés et infligée par ce Mirsad qu'elle avait tant aimé avant qu'il se transforme en quotidien bourreau, Sophie qui tentait malgré tout de sourire, mais la lèvre fendue ne pouvait pas, et qui leur dit : « Je vous ai fait du café. Mirsad est parti travailler. Il reviendra tard ce soir. Pardonnez-nous. »

« Pardonnez-nous ! »... Comment peut-on dire « pardonnez-nous » quand on n'est pas coupable ?

Bosnia n'en revenait pas de cette faiblesse des femmes qui l'avait toujours révoltée depuis toute petite, en tout cas depuis l'âge de raison et tant de scènes lui revenaient à la mémoire ce matin, face à cette fille fragile assise au centre d'une misérable cuisinette, elle-même au milieu de dizaines de cages où s'entassaient ces prisonniers postmodernes dans ces barres d'immeubles gris tous pareils qui bouchaient l'horizon et l'on ne savait plus où se trouvaient les quatre points cardinaux ni si le vent était de tramontane ou bien d'un fond de terre lacérée par les flèches glacées et brûlantes de la tempête, cieux perdus à toute vision sublime, humains dedans qui se déchirent et qui se font la guerre quand elle n'existe plus aux alentours, qui l'inventent de toutes pièces, tant de scènes lui revenaient à la mémoire, elle avait huit ans, ou bien dix ou douze, elle sillonnait les campagnes avec son père Ismet qui s'en allait vendre ses légumes, ils entraient dans les maisons où des femmes se tenaient, près d'un café fumant, une marmaille couverte de gale et de mouches accrochée au tablier, la morve au nez, pendant que la mère offrait au père un café et à elle, Sabaheta, un bol de lait et elle disait «pardonnez-nous», en essayant de camoufler une lèvre fendue ou bien un œil au beurre noir, puis revenant à cette Sophie fragile et douce et belle, mais coupable elle aussi, honteuse d'une faute qui n'était pas la sienne pourtant, Bosnia se fit la promesse de retourner aux études sitôt qu'elle le pourrait, de devenir médecin des esprits pour s'occuper de cette guerre-là, celle faite à tant de femmes dans le monde et même aux femmes des pays de paix et de démocratie, même aux femmes des pays où s'écrivaient les plus beaux livres du monde, elle continuerait de les lire, ces livres qui avaient forgé sa conscience et sa vision du monde, mais, face à cette Sophie démunie, elle était ce matin déterminée: elle serait médecin des esprits: MESF! Médecin des esprits sans frontières.

Toute la matinée, Sophie leur raconta la vie de tourmente qui était sienne depuis le lendemain de son mariage avec Mirsad. Elle venait de terminer le lycée et s'apprêtait à entrer en fac de géographie quand Mirsad tomba dans sa vie et elle, Sophie, tomba en amour comme c'est pas possible, un « coup de foudre, si vous saviez ! » et ses parents, ouvriers de Lille, n'avaient vu que son bonheur, elle était « la plus jolie », disait son père le jour du mariage qui eut lieu à la mairie, ses parents étaient des communistes agnostiques et « agnostiques athées depuis des générations », disait toujours le grand-père, elle se maria à la mairie de Lille, « et en blanc », Sophie montra des photos sur lesquelles elle rayonnait au bras de Mirsad qui avait l'air d'un agneau doux. Puis ils descendirent à Lyon où Mirsad avait un travail de manutentionnaire dans un marché d'alimentation. Dans le train qui les vit traverser la France en tourtereaux, Mirsad lui annonça gentiment qu'elle devait renoncer à ses études, il la désirait « épouse à la maison », elle ne s'inquiéta pas, se disant que, plus tard, on verrait bien, en attendant, elle ferait des démarches en douce à l'université. Et ils se couvrirent de baisers jusqu'à l'appartement et jusqu'au lit où ils s'aimèrent et s'aimèrent encore jusqu'au lever du jour.

L'enfer commença ce soir-là quand Mirsad revint du boulot. Il y eut un premier coup, un deuxième, puis d'autres. Il y eut l'interdiction de sortir sans permission, l'interdiction de dépenser le moindre centime, celle de recevoir du courrier ou bien des appels téléphoniques, celle d'écrire des lettres ou même un journal, il surveillait tout. Sophie voulait s'évader, mais comment faire et pour aller où ? Elle ne voulait pas appeler ses parents. Ni ses amis de Lille. Elle avait honte. Son humiliation lui faisait mal autant que les coups. Elle pensa au suicide, voulut plusieurs fois mourir, mais, chaque fois, son amour de la vie l'emportait, c'était si fort, cet amour-là, même si elle ne savait pas de quoi il était fait. Et son amour pour Mirsad se transforma en peur, une peur épouvantable, comme si Mirsad était devenu, lui, une bête sauvage. Puis la peur se transforma en haine, une haine effroyable, comme si le sang de ses veines s'était changé en fiel et qu'au fond de son corps marinait une méchanceté l'horrifiant et la rendant de glace. Elle aurait pu le tuer, se disait-elle au long de ses longues heures de solitude et d'affolement, elle aurait pu le tuer, mais en même temps n'en avait pas le pouvoir. Et ce désir de mort doublé de cette impuissance à l'accomplir stérilisait son cœur et son esprit. Dans l'espèce de vide où elle était plongée le jour durant, elle ne pouvait plus ni penser, ni lire, ni rêver. Et elle se détestait. C'était cette haine-là d'elle-même qui la gardait vivante.

Puis deux anges arrivèrent. « Adem et Bosnia, vous êtes venus jusqu'à moi. Emmenez-moi avec vous ! »

Les plans ne furent pas longs. Vers midi, les maigres bagages de Sophie étaient bouclés. Ils s'en iraient d'abord à l'hôtel pour une nuit ou deux. « Pas loin du Rhône. Pas loin de l'eau », avait dit Bosnia. Ils prendraient une grande chambre, avec deux grands lits. Avec l'argent que Milovan leur avait remis, ils en avaient suffisamment pour voir venir. En deux heures, Sophie était devenue leur petite sœur à protéger. À sauver. Adem et Bosnia connaissaient le combat dans l'urgence, ils étaient aguerris. La guerre en temps de paix faite par Mirsad et tous ces autres soudards sanguinaires, ils sauraient la contrer à leur manière, ils ne s'étaient pas attendus à ça, ils n'avaient pas prévu un tel atterrissage en terre tranquille, mais basta ! plus jamais ça, ils avaient su se battre là-bas, ils le sauraient ici, quant à Sophie, elle prendrait des forces, elle apprendrait, elle était jeune, elle aurait, comme eux, le vent dans les voiles, à eux trois, ces jeunes ne faisaient même pas soixante-dix ans. Sophie les remercia, les embrassa, Adem écrivit un mot sur un bout de papier qu'ils laissèrent sur la table. Bosnia ajouta sa signature. Et Sophie n'écrivit rien. Mais, à côté du mot, elle plaça le voile qu'il la forçait à mettre avant de le lui arracher, enragé, et de la baiser :

Mirsad,

Nous partons avec Sophie. Définitivement. Nous sommes des guerriers contre toutes les guerres et toutes les milices du monde : militaires ou civiles. N'essaie pas de la retrouver.

Désolé d'être le cousin d'un salaud batteur de femmes. (Un jour, ce que tu as fait sera puni au même titre que tous les crimes contre l'humanité. Nous nous battrons pour qu'il existe un tel tribunal pénal international.)

Adem, Bosnia

Avant de refermer la porte de l'appartement, Sophie leur dit : « Qu'en pensez-vous si je jetais ces clefs dans la poubelle, en bas ? »

Puis, dans l'ascenseur : « J'ai oublié de vous dire : ce matin, il me frappait parce que je t'aurais regardé avec trop d'insistance, Adem, hier soir quand vous êtes arrivés. Tu y comprends quelque chose, toi ? »

XVIII

Dans une vie, il y a parfois des journées qui comptent pour des semaines, sinon des années, tellement certains événements, en apparence anodins, en accélèrent le cours, en multiplient la portée. C'est ce qui se produisit le jour même de leur arrivée à Lyon, dans ce charmant petit hôtel de la vieille ville d'où ils pouvaient apercevoir, de la grande fenêtre à carreaux de leur chambre, la Saône dont ils recevaient jusqu'à leur oreiller les effluves d'eau douce, la Saône qu'ils traversèrent plus tard sur le pont de la Feuillée pour rejoindre, par la rue d'Algérie, et le Musée des beaux-arts et l'Opéra, le boulevard Jean Moulin et le Rhône sur lequel, en fin d'après-midi, ils virent descendre des bateaux dans les épées de feu du soleil d'octobre. Puis tous trois, Bosnia, Sophie, Adem, partirent pour le Centre des réfugiés bosniaques où ils ne rencontrèrent que chaleur et amabilité et d'où Adem téléphona à Milovan avec qui il fut convenu que « ses deux enfants » pourraient s'en aller vivre à Paris, chez son frère Toscan qui, comme Milovan, était bijoutier et les attendrait dans son grand logement pas loin de sa boutique du Ve arrondissement. Toscan n'avait pas d'enfants. Après la mort de sa première épouse, il avait émigré en France et s'était remarié dans les années cinquante avec Hannah que Milovan n'avait rencontrée qu'une fois lors du seul voyage qu'il eût jamais fait à Paris, « c'est une femme formidable, Hannah, vous verrez, les enfants, vous l'aimerez beaucoup».

Milovan dit même à Adem qu'il viendrait les voir à Paris dès que son travail le lui permettrait, qu'il voulait les emmener tous les deux chez le notaire de Toscan pour leur léguer maintenant l'héritage dont ils auraient besoin «pour payer vos études et commencer vos vies du bon pied, pauvres enfants qui avez connu trop d'épreuves, inch'Allah!» et quand Bosnia prit à son tour le combiné pour lui parler, Milovan tentait de dissimuler ses larmes, il dit «petite Bosnia, tu peux appeler ta maman, je leur ai fait installer une ligne téléphonique, elle était si contente, elle attend ton appel».

Sa Mamouni était là au téléphone, qui n'arrêtait pas de parler. Autant son mutisme de guerre avait été intégral, autant le flux actuel semblait intarissable et Bosnia la laissait butiner d'anecdotes en petits faits quotidiens, sans l'interrompre, jusqu'à ce que le flot se tarisse tout seul et que la voix gaie courant sur le fil magique entre les deux pays dise soudain: «Et toi, petite Sabaheta, comment vas-tu?», mais Bosnia avait à peine eu le temps de raconter à son tour que sa mère repartait dans des histoires sans fin, en apparence étrangères les unes aux autres, récits de sa vie là-bas s'emboîtant les uns dans les autres par parenthèses concentriques et Bosnia en écoutait certains, plus familiers, tandis qu'elle laissait flotter les autres dans les limbes de l'entendement. Cela ne l'ennuyait pas d'écouter ainsi palabrer sa mère. Cela lui rappelait vaguement une atmosphère de toute petite enfance quand, l'oreille collée sur le corps chaud et moelleux, elle se laissait pénétrer et bercer par les innombrables mots de sa mère dont le sens lui échappait en grande partie. Cette voix d'aujourd'hui la ramenait à ces temps de douceur d'autrefois quand la mort et le mal n'avaient pas encore cogné à leur porte.

Bosnia lui parla de son bonheur de vivre, lui raconta à son tour, lui demanda encore si elle voulait qu'on aille la chercher pour l'emmener vivre avec eux. « Mais non, disait Mamouni d'une voix devenue grave qui cachait les larmes tout près. Mais non, j'aime mieux t'aimer absente que me déraciner », et elle redisait son histoire de vieux chêne, qu'à son âge on ne doit pas essoucher, et elle déclarait que l'expatriation de son corps, loin du corps en terre de son Ismet adoré, serait en même temps l'essouchage de son esprit et la déportation de son âme et que, même avec elle, sa petite fille chérie, elle se remettrait à déambuler dans les couloirs obscurs et glaciaux qu'elle avait connus parmi les aliénés, non, elle voulait rester à Sarajevo, « mais toi, tu viendras l'été prochain, tu viendras avec Adem, je vous laisserai ma chambre, je dormirai sur le sofa de la salle à manger, tu sais que je m'entends très bien avec ma logeuse, Liliana, nous parlons beaucoup toutes les deux, nous faisons nos courses ensemble, et la cuisine, et, le soir, nous jouons aux cartes avec nos voisines, il n'y a à peu près plus d'hommes dans la ville, plusieurs sont morts, plusieurs, encore en prison, il y a ce bon Milovan qui vient nous voir de temps en temps, il dit que vous êtes ses enfants, on n'a pas encore de nouvelles de Mumo… ».

Bosnia était encore au téléphone avec sa mère quand éclatèrent dans le hall du Centre des cris de joie à éventrer les murs, elle eut juste le temps d'achever la conversation qu'elle vit Adem se précipiter dans les bras d'un garçon joyeux et vigoureux, c'étaient là de toute évidence des retrouvailles notables que les présentations allaient confirmer. Il s'agissait en effet de Stefan, meilleur ami d'Adem avant la guerre quand tous deux étudiaient le droit à l'université de Sarajevo, Stefan le Croate, mais on ne distinguait pas alors musulmans, Serbes ou Croates, tous étaient Bosniaques, et même Yougoslaves, les maîtres de la guerre ne les avaient pas encore montés les uns contre les autres à coup de propagande ethniciste et de discours racistes, Stefan qui, comme plusieurs, avait disparu pendant le siège de Sarajevo, Stefan, là, à présent, en chair et en os, dans ce Centre de Lyon où, en fait, il ne faisait que passer pour s'enquérir de son courrier, Stefan qui était retourné aux études de droit à Paris, qui travaillait comme interprète à l'UNESCO grâce à un ami, Thibault, qui y occupait un poste, Stefan qui, en principe, devait repartir le lendemain pour Paris et les deux garçons s'embrassaient, puis se prenaient par les épaules et se regardaient à nouveau, riant presque au bord des larmes, car ils n'étaient ni morts ni blessés, chacun avait connu l'horreur, ainsi que plus tard ils se le raconteraient, mais, pour l'instant, leurs routes les avaient ramenés l'un à l'autre bien vivants, ils n'en revenaient tout simplement pas et Adem, dans l'effervescence du moment, présenta les deux jeunes filles à son ami Stefan, Bosnia et Sophie, qui, elles, contemplaient la scène avec tendresse et émerveillement, comme lorsqu'on assiste à une naissance ou à tout événement qui a su, par sa nature même, conjurer à lui seul tous les mauvais sorts de la mort.

Tous quatre se retrouvèrent au bistrot voisin, ils avaient faim, ils avaient soif, les deux garçons ne tarissaient pas, tant de choses à raconter, la vie serait-elle assez longue pour combler ce fossé d'absence creusé entre eux, cette tranchée d'amitié qu'en eux la guerre avait excavée et ils parlaient-buvaient-mangeaient, invoquant surtout l'avenir, taisant les grandes tragédies que chacun soupçonnait l'autre d'avoir vécues, les verres tintaient chaque fois qu'un projet était esquissé, ainsi fut-il convenu qu'ils allaient tous monter à Paris dans la voiture de Stefan, car Stefan avait acheté une vieille petite auto avec ses économies, et elle roulait bien, « j'ai réalisé là un grand rêve de ma vie », disait-il à la joyeuse compagnie – mais Bosnia, l'esprit tout de même à la fête, le regard accroché à la fenêtre jusqu'au fleuve qu'elle voyait filer vers le sud, partait sur l'eau jusqu'aux bouches du Rhône et jusqu'à Marseille où elle se baignerait avant de remonter vers le Lubéron et vers Manosque, là où « les dieux et les herbes vivaient leur lente vie éternelle » et Bosnia disait : « Écoutez, les garçons », leur citant ces beautés de mots de son Giono de *Naissance de l'Odyssée* et leur demandant, dans cette douce ivresse qu'elle affectionnait, s'ils voulaient bien se rendre à la Méditerranée, puis au mont d'Or, avant de prendre la route pour Paris et les garçons répondaient : « On verra, la nuit porte conseil », mais Bosnia ne doutait nullement qu'ils le feraient tous les quatre, ce voyage tant de fois imaginé, puis Bosnia voyait tout à coup Sophie sombrer très loin et très creux avec des yeux qui ne les regardaient plus, là où le regard se perd en un puits insondable de tristesse et Bosnia entourait Sophie de ses bras, Sophie était secouée de tremblements, dans cette grande chaleur de l'amitié retrouvée et des projets caressés à l'horizon de chacun de ses amis, elle avait froid et mal, il y avait en elle un désert de glaces infinies qu'elle ne savait pas comment nommer.

Les quatre amis quittèrent le bistrot à la fermeture. Bras dessus, bras dessous, ils s'engagèrent dans les rues de Lyon, retraversant la Saône, jusqu'au petit hôtel où Stefan les accompagna. Il viendrait les chercher dans la matinée. Entre deux chansons de leur Yougoslavie d'enfance, il avait dit à Bosnia, « c'est une bonne idée d'aller d'abord au sud. J'aimerais bien connaître le pays de ton Giono. Et puis, je n'ai pas pris de vacances depuis si longtemps. C'est beau, "les dieux et les herbes vivaient leur lente vie éternelle", ce doit être somptueux, là-haut. En plus, la mer me manque… »

Quand ils furent au lit dans leur grande chambre aux vitres à carreaux qui leur déversaient en pleine nuit noire l'odeur d'eau douce jusque sur l'oreiller, Bosnia et Adem entendirent Sophie discrètement pleurer, après tout, elle n'avait quitté son bourreau de mari que le matin même, pour se laver de cette sale guerre, elle allait peut-être devoir se baigner de larmes autant de jours et de nuits que ceux passés à endurer, ce fut ce que Bosnia souffla tout bas à l'oreille d'Adem, puis ils entendirent la respiration régulière de Sophie qui s'était endormie enfin, mêlant à l'eau douce ses eaux salées retenues depuis si longtemps, qui sait?, et Bosnia, en l'embrassant, chuchota à Adem: « Tu crois qu'elle va connaître un jour le bonheur? »

XIX

Le paysage défilait dans le matin cobalt, on aurait dit que la mer s'était déversée en plein ciel, peignant au passage sur les ocres d'automne ses filaments safre, on avait frôlé plus tôt le profil gris du mont Ventoux, salué au loin, juste après Avignon, la clôture dentelée des Alpilles, il n'y avait qu'à l'ouvrir pour entrer dans le jardin vers lequel avançaient tous les quatre, Sophie qui dormait à l'arrière au côté de Bosnia rêveuse, Adem et Stefan à l'avant qui, de temps en temps, parlaient, ils avaient tant à se dire, si peu d'êtres pouvaient comprendre cette guerre qu'ils avaient vécue et les filles à l'arrière ne les dérangeaient pas, au contraire ces filles-là étaient leur troisième oreille, leurs aimantes, leurs sœurs et elles avaient le don de comprendre tout, même Sophie la malheureuse ébréchée par le mauvais rêve trop réel dont elle venait à peine de sortir – et Bosnia savait que, bientôt, la clôture dentelée des Alpilles allait s'ouvrir sur le jardin de l'eau, cette Méditerranée qu'elle attendait depuis si longtemps et, dans sa tête, elle écrivait un mot à Adem parce que, la veille, il y avait eu cette ombre maléfique recouvrant de sa froidure leur jeune amour si tendre et si doux, ils s'étaient rendus tous les quatre au Centre des réfugiés bosniaques pour une petite fête précédée d'une conférence d'un intellectuel parisien spécialiste des guerres planétaires, ils avaient écouté cet homme élégant et charmant qui possédait la langue au point de jouer avec les mots en artiste, de s'y jouer en faisant naître à chaque rebond des pensées qu'on aurait crues toujours nouvelles, et Bosnia, subjuguée, était allée lui parler au moment de la fête, un verre de champagne à la main, sans trop s'en apercevoir, elle s'était retrouvée dans les bras du beau philosophe, à danser, puis à raconter son histoire de guerre que celui-ci voulait entendre dans les détails, lui proposant même de la revoir à Paris, d'y enregistrer ses propos – et de la « payer pour ce travail » – et là, soudain, dans les bras du magnifique causeur, Bosnia n'avait plus senti le plancher sous ses pas, elle fut étourdie, vint s'asseoir, et au moment même où elle s'entendit dire à son escorte : « Je ne suis pas de la chair à crayon », elle vit le regard sombre d'Adem traversé du nuage orageux de la jalousie qu'elle n'avait jusque-là imaginée que dans les livres et elle s'était retrouvée près d'Adem à la vitesse de l'éclair, l'avait entraîné dehors où l'air était pur et frais, mais le mal était fait, elle avait beau expliquer, Adem ne parlait plus, il était sans doute retourné à ses morts et à ses meurtres, son Adem parti très loin d'elle, noyé au fond de ses blessures rouvertes, et, dans sa tête, en ce matin cobalt, en route vers ces eaux qui sauraient laver et cicatriser, elle écrivait : « L'amour, mon amour, est plus fort que le mal et plus fort que la guerre, tu verras, l'amour, mon amour, c'est jusqu'à la fin de nos jours que je te le donnerai. »

Bosnia cherchait d'autres mots et il n'y en avait plus. « Pourquoi la mort et le mal possèdent-ils plus de mots que l'amour ? » se demanda-t-elle en fermant les paupières et en s'assoupissant. « Pourquoi, moi qui voulais tout voir, ne rien manquer de cette Provence mythique, suis-je en train de l'abandonner déjà ? » et elle tomba endormie. Dans son rêve, il y avait le beau philosophe parisien qui lui faisait la cour en causant de la guerre, puis elle eut très mal au ventre, une crampe lui déchira les entrailles, une flaque de sang tomba de son vagin par terre, avec, au beau milieu, un œuf violet de fausse couche que le philosophe s'apprêtait à ouvrir avec des petits ciseaux chirurgicaux, au loin elle voyait Adem, Adila et Marina qui tentaient de courir vers elle, mais ils s'enfonçaient dans la terre glaise et Bosnia criait « Maman, Mamouni », mais personne ne l'entendait, puis sur sa joue une main chaude alors qu'une autre main prenait la sienne, c'était Adem qui essuyait les larmes de Bosnia, l'éveillait lentement, couvrant ses doigts de petits baisers, Adem qui lui souriait et qui disait, pendant que l'auto bifurquait vers la droite et s'engageait sur la petite route de la mer que l'on apercevait maintenant : « Vous savez, les amis, quand la vie vous a menés malgré vous en enfer, parfois, dans les rêves, vous retournez au séjour des damnés. Et puis, vous revenez du royaume des ombres comme si de rien n'était, vous aimez. » Adem sourit à Bosnia qui séchait ses larmes et qui ressuscitait. Elle regardait Adem. Elle voyait la mer. Cette mer avec une terre de promesse dedans : Méditerranée !

Dire ce bleu du ciel fondu à celui de la mer, dire cette éternité de la voûte et de l'eau associées sans plus de ligne à l'horizon, trouver un seul mot qui n'existe en aucune langue, mais qui les unirait toutes pour témoigner de cette présente perfection et puis contempler tous ensemble, se taire jusqu'à la fin des temps, répondre par le silence à cette beauté-là, mais un silence dans lequel battent les vagues et le ressac et piaillent les oiseaux. Ainsi pensait Bosnia, assise sur le sable avec ses compagnons, comme elle silencieux, le regard au loin perdu, égrenant parfois d'une main lente les grains réchauffés par le soleil, pieds déjà nus – chaussures et chaussettes lancées un peu partout sur la grève – corps adossés à la paroi rocheuse d'une calanque où ils avaient choisi spontanément de se réfugier, seuls, à l'abri des importuns, seuls et ensemble dans la majesté du jour. La petite route communale les avait conduits là, quelque part aux abords de Marseille, ils se seraient crus au bout du monde, pas un chat aux alentours, enfin un coin de terre semblait les avoir attendus, eux, pour leur donner tout son espace et tout son temps. Une légère brise venant des collines, et qui devait être la fin d'un mistral, charriait avec elle, jusqu'au sel et jusqu'à l'iode, les odeurs des vallons dépliés depuis la montagne, sol multiple fait de plantations dans le relief calcaire, garrigue et labours entrelacés, herbes sèches regorgeant de saveurs, argile craquant sous les rayons chauds, ouches de toutes sortes, alluvions de tous âges, un pays composite parvenait à leurs narines par ce vent doux.

Bosnia s'allongea sur le sable, respira, huma. Collant son oreille au sol pour mieux entendre la musique des vagues et du ressac, elle désira faire corps avec le vibrato de la mer, accueillit toutes ces odeurs descendues de la montagne avec les dernières mesures du mistral, elle rendit grâce au vent, à tous les vents de la terre, à ce souffle sans frontières qui parcourt tous les pays et toutes les mers, elle le remercia tout bas et le sacra patron de tous les migrants du monde, elle prit la main chaude d'Adem étendu à ses côtés, se coucha sur le corps d'Adem de tout son long, bientôt ils furent nus tels les deux amis déjà dans l'eau à s'ébrouer comme des enfants et, bientôt, ils plongèrent à leur tour dans les vagues, il y avait la mousse éclaboussée et leurs rires et leurs baisers et bientôt encore cet amour fou qu'ils firent sur la grève, plus loin où ils avaient couru au galop, l'écume des bouches et des sexes confondue, l'écume des larmes d'Adem, aussi, effondré dans les bras de

Bosnia, Adem qui avait joui comme jamais et autour duquel les ombres de ses morts s'étaient soudain évanouies, Adem qui disait à l'oreille de Bosnia, comme s'il avait enfin quitté le bord du précipice des ruines : « Petite sœur, je t'aimerai toujours, jusqu'à la fin de mes jours. » Bosnia repensa à l'Hiroshima de Sarajevo, à ses amies mortes, Adila et Marina, puis à son père Ismet. « Moi aussi, je t'aime », dit-elle à Adem, et elle ajouta : « Tu crois qu'on va pouvoir aller les enterrer tous, l'été prochain, en Bosnie-Herzégovine ? »

Quand Sophie et Stefan revinrent de leur baignade, ils trouvèrent Adem et Bosnia endormis.

« Hé, les amoureux, vous venez manger ? »

Adem revenait de loin quand il entendit la voix de Stefan. La tête de Bosnia au creux de son épaule, il vit le pique-nique dressé sur une nappe, à même la plage, Sophie et Stefan bavardant, un verre à la main. En fait, quand avait sauté le bouchon du rosé, ce fut un bruit de balle qu'il entendit, il se trouvait dans la Forêt-Noire, en Allemagne, en train de chasser avec son oncle maternel et, la scène d'après, tous deux dégustaient un rôti de cerf, entourés de toute la famille, sa grand-mère pleurait mais on ne savait pas pourquoi, son père berçait sa sœur, toute petite, et sa mère servait à table en riant à gorge déployée. Adem dit à Bosnia : « C'est la première fois depuis la guerre que je rêve, tu sais », et puis : « J'ai faim, petite sœur, et toi ? »

XX

Ils étaient tous les quatre, assis silencieux sur le sommet du mont d'Or et contemplaient la vallée de la Durance, puis la fin des monts du Lubéron qu'ils avaient traversés la veille, ravis, et leurs regards dérivaient loin vers le ciel voûté du nord-est qui laissait deviner les Alpes, et aussi vers cet autre ciel, au sud, nappe étendue si loin qu'on imaginait sans peine la mer dessous. Tous les quatre en silence accompagnés du mistral seulement, vent majeur dont on écoutait les chœurs sans parler, et Bosnia, le corps encore chaud de son plaisir d'amour, captait avec le souffle du vent comme une plainte venue de ses amies mortes, Adila et Marina, les revoyant, main dans la main, étendues dans ce jardin de pierres de Sarajevo, arrachées à l'immense vie par une simple petite chose, un éclat d'obus, Bosnia retenait en elle cet air en sourdine qu'on aurait dit joué de la main gauche dans la polyphonie de la bourrasque, dans son corps encore chaud d'amour résonnaient la plainte et la douleur.

Bosnia, Sophie, Adem et Stefan étaient montés à pied depuis Manosque où ils avaient laissé la voiture stationnée « dans la rue de Giono », avait insisté Bosnia – et personne n'avait protesté, après tout, ce voyage, on le faisait un peu pour elle, Adem avait même confié à Stefan qu'il y avait en lui, toujours, ce fou désir de lui donner d'énormes cadeaux, il ne savait trop pourquoi, ça ne lui était jamais arrivé avant – pendant une bonne heure et demie, ils avaient grimpé sacs au dos, avec les sandwiches et bouteilles d'eau dedans, batifolant sur le sentier, s'arrêtant pour admirer une fleur ou un bosquet ou un caillou, ils étaient joyeux, avaient chanté des chants de leur enfance à chacun et Sophie, à la voix de flûte à bec soprano, leur avait appris *Le temps des cerises* et *Nini-peau-d'chien*, c'était au cri de « à la Bastille ! » qu'ils avaient atteint le sommet et, soudain, avec la fougue du vent qui, sur ce promontoire, venait des quatre points cardinaux, leurs corps s'étaient inclinés, tous quatre en même temps en silence s'étaient assis, chacun sur sa roche ou sur sa motte, le regard surnageant à l'horizon multiple, chacun dans ses pensées, plongé dans une insondable solitude à laquelle la montagne, où qu'elle soit, donne toujours accès.

Bosnia sortit le livre que le beau philosophe parisien avait laissé pour elle à l'hôtel, avec un petit mot – elle l'avait trouvé à la réception le lendemain de leur rencontre, n'en avait soufflé mot à Adem, ne voulant pas le faire souffrir pour rien –, elle trouva beaux l'objet et le titre, *L'entretien dans la montagne*, de Paul Celan, qu'elle ne connaissait pas. Elle ouvrit à n'importe quelle page, comme elle faisait d'entrée de jeu avec les livres, encore rivée à la vision de ses amies mortes, elle lut cela seul et sut qu'elle aimerait ce livre: « moi en chemin vers moi, là-haut », le referma et le tenant entre ses mains comme un talisman comprit en cet instant précis que son besoin de gravir ce mont d'Or qu'elle avait associé depuis sa toute première lecture de Giono à celui d'une connaissance plus intime de cet écrivain était en fait le désir de rencontrer son intimité à elle, Sabaheta-Bosnia, elle se répéta la phrase: « moi en chemin vers moi, là-haut », comprit qu'en elle, dans les profondeurs de son être, malgré l'incommensurable amour qu'elle porterait à Adem et aux enfants qu'elle espérait de lui, il y aurait toujours un ermitage, à la fois chaleureux et inaccessible, une infinie solitude – comme si abîme et cime avaient été conçus pour s'éclairer réciproquement, ce que la respiration terrestre lui révélait maintenant par le vent, et elle le saurait jusqu'à la fin de ses jours, c'était su immédiatement –, puis elle dit à voix veloutée, comme si revenue d'une expédition hasardeuse: « moi en chemin vers moi, là-haut », personne n'ajouta mot, aucun ne demanda une explication, la phrase flotta avec la musique de l'air, leur jeunesse donnée entière à cet instant de gravité.

Pour tous les quatre ce jour-là, la beauté du dehors ne parvenait pas à masquer l'inquiétude qui les taraudait, chacun. Pour Adem et Bosnia, ils s'en étaient parlé la veille, la remontée vers Paris, le lendemain, tout en les exaltant, leur faisait un peu peur. Comment serait ce Toscan chez qui ils échoueraient? comment affronter les difficultés et tracasseries qui seraient leurs quand il s'agirait de régulariser leur statut de citoyens réfugiés? où et comment s'inscrire aux études supérieures? – et quoi étudier exactement pour ce qui était de Bosnia? –; bien sûr, il y avait Stefan et toutes les ONG en place qui leur viendraient en aide, mais l'inconnu les effarouchait quelque peu, « je préfère, avait dit Bosnia, connaître mon ennemi et l'affronter les armes à la main dans le maquis que de me mesurer à cette hydre fabuleuse à mille têtes lumineuses qu'est Paris ». Eux donc qui, pendant la guerre, avaient tant rêvé de cette ville de connaissances, de paix et de liberté, voici qu'à la veille de la rencontrer enfin elle leur apparaissait menaçante et ils ressentaient tous deux jusqu'à la moelle leur double étrangeté, qu'ils s'étaient murmurée dans la clameur du vent: celle de venir d'ailleurs et de se savoir étranger à la ville; mais celle aussi de ne plus reconnaître cette ville qu'ils avaient tant rêvée. À cela se mêlait l'état paradoxal qui les faisait ressembler à de vieux éclopés de guerre malgré leur jeunesse franche, comme si leur condition de migrants dépossédés dans un pays qui vivait en état de paix et de bien-être opérait chez eux une transmutation d'âge.

Quant à Sophie, elle semblait être devenue muette et Stefan, lui, n'en menait pas beaucoup plus large. Mangeant leur sandwich, ils étaient collés l'un à l'autre, épaule contre épaule, on aurait dit deux petits chats sous un rayon de soleil, les yeux dans le vide, les poils au vent. Ces deux-là s'entendaient comme frère et sœur et Sophie, fille unique, s'était réjouie de trouver ce garçon délicat, attentif, affectueux et qui n'avait pas voulu, contrairement à tous les autres, la sauter en la voyant. Elle ne savait trop pourquoi cette complicité fraternelle entre eux, car avec les garçons, depuis l'adolescence, elle n'avait connu que les flirts, silences, manigances et conflits et jamais, comme avec Stefan, cette connivence faite de confiance et de confidences. Son inquiétude d'aujourd'hui était liée à cette chose étrange qui se passait au-dedans de son corps, son ventre était chaud, elle n'avait plus ses règles, ses seins avaient grossi et faisaient un peu mal et elle avait de légères nausées. Elle était donc enceinte et osait à peine se l'avouer. Mettre au monde l'enfant de la brute qu'avait été Mirsad lui semblait relever du pire cauchemar – « je dois rêver, se disait-elle, je vais me réveiller » – et, en même temps, il y avait en elle ce remuement du cœur, cet appel de vie remontant de ses entrailles, « un être humain va séjourner en moi, c'est pas possible » et elle aussi se sentait doublement étrangère: au plus intime d'elle résidait un être qui, pour l'heure, lui était pur inconnu et cela, qui perturbait tout son corps, venait d'un homme qui l'avait maltraitée et violée, un homme qu'elle avait quitté parce qu'elle le détestait et qui néanmoins survivait dans son ventre, tel un barbare qui l'aurait, de l'intérieur, tatouée. « Que faire, se demandait Sophie, que dire à mes parents – qu'elle n'avait pas encore avertis de sa fuite –, à qui parler ? » Jamais elle ne s'était sentie si seule et cette solitude, partagée maintenant par l'intrus dans son ventre, lui sembla plus intolérable encore, démultipliée en quelque sorte – tout en elle se présentait comme un infranchissable désert et « parler avec mes trois amis devenus serait peut-être la seule oasis possible », mais les mots ne venaient pas, aucun d'eux ne correspondait au dépeuplement habité qui était sien depuis quelques jours.

Ce fut le soir au resto, autour d'une excellente ratatouille et d'un bon vin, qu'ils purent dire enfin ce qu'ils avaient sur le cœur et ce fut Stefan qui fit sauter le barrage en annonçant de but en blanc ce qu'il avait toujours tu, y compris à son grand ami Adem, qu'il était gai, homosexuel – et il tenait à dire les deux mots comme pour être mieux entendu –, qu'il désirait les garçons depuis toujours, en tout cas depuis que le désir avait fait son apparition dans sa vie quand, à douze ans, il était tombé amoureux de son professeur, mais qu'il n'avait pu en parler à personne et quand, par la suite, il avait eu des tas d'aventures, toujours coupables et clandestines jusqu'à ce qu'il devienne amoureux, vraiment, c'était au début de la guerre en Croatie et, son amour, il l'avait perdu lors d'un bombardement, il l'avait retrouvé sous les décombres, le corps coupé en deux et son corps à lui, Stefan, était depuis morcelé, une partie était restée au cimetière de Dubrovnik et, l'autre, il la traînait avec lui semaine après semaine, d'abord à Sarajevo où il s'en fut étudier, puis au Centre des réfugiés de Lyon et, enfin, à Paris, « je ne cherche même plus à aimer, il y a en moi une mort qui a mutilé tout désir, c'est un sentiment étrange, comme si le sectionnement du corps de mon amour m'avait amputé, moi, de tout amour » et Stefan raconta encore longtemps, dit combien il était soulagé de leur confier tout ça et combien il était heureux, parfois, quand il allait se promener dans le quartier gai de Paris, dans le Marais où il voyait les garçons défiler librement et montrer leur amour, puis, certaines nuits, il entrait dans les bars, pour les voir rire et s'amuser, eux qui avaient dû, comme lui, tant souffrir et pendant tant d'années d'avoir à éprouver l'étrangeté radicale de leurs amours condamnées. Il se sentait alors solidaire de leur honte passée et de leurs joies actuelles.

« Dans ma Croatie catholique, l'homosexualité est ou bien péché, ou maladie, ou encore un crime. Dans votre Bosnie-Herzégovine, ça n'est guère mieux, vos imams sont aussi hypocrites que nos curés. Moi, si j'ai quitté la religion, toutes les religions, c'est pour cette hypocrisie. Et si je n'ai plus la foi, c'est que l'idée d'un Dieu qui assisterait, impuissant, à tout le mal et à toutes les atrocités que nous avons connus, un Dieu qui aurait vu mon amour au corps tranché sans venir le recoller, Lui dont on m'avait appris l'omnipuissance et l'omnipotence, un Dieu qui aurait vu tout ça, Lui qui voit tout s'il est Dieu, sans me prendre dans ses bras, rassembler mon amour et me le redonner, l'idée de ce Dieu-là m'est insupportable. Ma foi, elle est enracinée sur cette terre : dans mon travail humanitaire, avec Avocats sans frontières. Sans créer un paradis sur cette planète en grande partie pourrie, je vais au moins essayer de faire condamner tous les salauds qui font œuvre de mort et redonner aux victimes un peu de la dignité que les bourreaux leur ont arrachée. »

Sophie comprit pourquoi Stefan était pour elle un frère. « Le monde, pensait-elle, en caressant son ventre fragile et chaud, devrait être rempli de tels hommes non menaçants » et, décidant de ne pas révéler ce soir-là son drame à elle, elle prit la main de Stefan, la couvrit de baisers, colla encore au plus près son corps au sien. Qu'il était rassurant d'aimer un garçon qui vous aimait autrement que pour baiser !

Ils trinquèrent jusque tard dans la nuit. Ils étaient passés de la salle à manger à la grande chambre qu'ils occupaient à quatre. Ils trinquèrent jusqu'au délire et jusqu'à ce que les mots les conduisent dans des lieux où l'on pouvait pleurer de rire et rire de pleurer.

Avant de s'endormir, Adem demanda: « Demain, on remonte par la route des Alpes? »

XXI

Au téléphone, Toscan leur avait dit de venir directement à l'appartement s'ils arrivaient après la fermeture de la boutique, à 19 heures: « On vous attend. Soyez prudents sur la route, les enfants », avait ajouté Toscan. La bijouterie et l'appartement se trouvaient tous deux dans le Ve arrondissement, pas très loin l'un de l'autre, la première sur Port-Royal et le second, rue du Fer à Moulin. Ils entrèrent dans Paris par la porte d'Italie, décidèrent de jeter un coup d'œil au magasin, juste pour voir la vitrine, puis, un peu nerveux tous les quatre, s'engagèrent sur l'avenue des Gobelins jusqu'à cette petite rue charmante où ils stationnèrent le long d'un minuscule parc bordé de platanes près de l'immeuble où Hannah et Toscan les attendaient. Il fallait extraire de la voiture les bagages de Bosnia et d'Adem, qui étaient somme toute assez minces, deux sacs chacun et pas très volumineux, mais tout de même ils en étaient gênés. Milovan avait eu beau dire le plus grand bien de son frère Toscan, ils ne s'imposaient pas moins chez un pur inconnu avec tout leur barda. « J'ai envie de m'en retourner », souffla Bosnia à l'oreille d'Adem, « moi aussi » fut la seule réponse d'Adem pendant que tous quatre tournèrent leur visage vers la lune au-dessus des branches, elle était pleine, brillante et belle, les rassurait dans sa rondeur veloutée et Bosnia, remise à son courage, appuya sur les quatre chiffres du code d'entrée qui ouvrirent une immense porte cochère de bois lourd, laissant entrevoir dans la pénombre un porche imposant suivi d'un jardin que l'on devinait soigné et abondant et qui, même en hiver, demeurait odoriférant. Avant d'allumer la minuterie, ils humèrent d'un même souffle cette bonté des plantes endormies et virent soudain, dans la jeune nuit enlunée, tomber mollement des flocons de neige qui déposaient à leur pied un chemin blanc vers la cage de leur escalier C. Ils allumèrent, rirent de cet accueil des éléments et s'engagèrent à la file indienne à travers les étages jusqu'au troisième palier.

(Sur la route, c'était pas loin de Grenoble où Bosnia avait voulu s'arrêter à cause de Stendhal qu'elle affectionnait, ils avaient longuement discuté du destin de Sophie – qui ne pensait presque plus à Mirsad, comme si ce cauchemar s'évaporait aussi vite qu'il était venu, et qui allait devoir retourner à Lille pour affronter ses parents, leur expliquer, leur dire pour les procédures de divorce que Stefan l'aiderait à entreprendre, sans leur avouer qu'elle était enceinte, vu que, de toute façon, elle avait décidé de se faire avorter; avant et après Grenoble, ils avaient parlé pendant des heures, écouté les confidences de Sophie, ses pleurs, ses rires, ses chuchotements et ses affirmations, car elle était à la fois fragile et forte, cette jeune fille qui avait pris le supplice et la possession pour de l'amour, mais qui, dans un élan d'une étonnante puissance, avait cassé d'un coup les chaînes la retenant à son bourreau, ils avaient tous ensemble supputé, analysé, considéré et, finalement, Sophie décida de parler franchement à ses parents après l'avortement qu'elle tairait, de venir vivre à Paris où Stefan lui offrait d'être sa coloc et, surtout ça, elle le vivait comme une incroyable victoire, de ne pas retourner étudier à la fac de géographie, mais de choisir ce qu'au fond de son cœur elle avait toujours désiré devenir : peintre, « artiste-peintre », répétait Sophie sur la route de Grenoble à Paris : « Je vais m'inscrire aux Beaux-Arts ! » Et forte de cette certitude, d'une force que lui donnait la perspective d'un désir enfin réalisé, elle savait que ses parents, qui en avaient les moyens, l'aideraient.)

Au téléphone, Toscan avait aussi chaleureusement invité à dîner les amis de Bosnia et d'Adem, « les amis de mes enfants sont mes enfants », avait-il dit et eux n'en revenaient tout simplement pas d'être traités ainsi par un pur inconnu et ils avançaient au pays de la paix avec le même étonnement, la même conscience aveuglée qui avait été leur lorsqu'ils s'étaient enfoncés dans les territoires minés de haine de la guerre éclatée.

Puis Toscan avait ajouté : « Hannah sera très heureuse de vous accueillir, vous vous installerez chez nous le temps qu'il vous faudra, nous vous attendons… »

Ce fut avec ce double inconnu, une certaine inquiétude, les pensées et la fatigue du voyage, mais aussi cette beauté des lieux, rue du Fer à Moulin et du jardin de neige odoriférant, qu'ils atteignirent le troisième palier, ils se regardèrent mi-rieurs, mi-anxieux, reprirent leur souffle, Bosnia fit un signe à Adem qui appuya son index sur le bouton de la sonnerie.

La porte s'ouvrit sur un visage aimable au large sourire, celui de Toscan qui ressemblait, en un peu plus âgé, à son frère Milovan – « comme un jumeau », disait-il toujours avec son grand rire –, et sur un bouquet d'odeurs variées associant le riche fumet de la cuisine aux parfums émanant de diverses petites gerbes placées ici et là dans la maison, roses, violettes ou pensées prolongeant le jardin d'hiver de la cour, en bas. Puis, se glissant de la cuisine au côté de Toscan, une frêle femme, plus vieille encore que son compagnon et « qui avait certainement pas loin de quatre-vingts ans », dirait le lendemain Bosnia aux trois autres, un visage tout blanc et ridé qu'on aurait dit tout de même exhaler, par-delà de longues épreuves que l'on soupçonnait, une tendresse et une joie venues de si loin qu'on n'en imaginait même pas la contrée d'origine. « Je vous présente Hannah, et moi, c'est Toscan » et ce fut le début d'une longue séance d'embrassades, comme si ces êtres-là, après s'être perdus de vue depuis longtemps, s'étaient ennuyés à presque mourir. « Et pourtant, nous ne nous connaissions pas il y a deux minutes à peine », songeaient-ils tous, mais l'amitié a le don de rendre le temps pérenne, de se jouer des chronomètres, sabliers et calendriers.

« Il y a des miracles en temps de paix comme en temps de guerre, dit Bosnia. À ne pas nous connaître, on s'était beaucoup ennuyés », cela semblait convenu entre tous, personne ne demanda de précisions.

« Venez, les enfants », s'empressèrent de lancer Hannah et Toscan.

Et ce fut le défilé à travers les pièces centrales de l'immense appartement, salon et salle à manger d'une seule venue, séparés par un piano demi-queue laqué noir, ouvert, avec les feuilles de musique bien placées, « c'est Hannah qui joue », dit Toscan, meubles au vernis patiné et au bois chaud, tapis du Proche-Orient, vases, tableaux de maîtres et, rayonnant dans la salle à manger, le chandelier d'argent allumé sur une nappe de lin écru, brodée, avec les six couverts d'argenterie et de porcelaine ancienne et le verre taillé élégant – pour recevoir le vin de « mon caviste, disait Toscan, un grand vin à petit prix », mais, à le goûter, les jeunes sauraient que petit prix pour Toscan signifiait grande dépense pour eux. Aucun d'eux n'avait jamais vu un intérieur aussi luxueux et, cependant, rien ici ne les embarrassait tant la simplicité et le charme de leurs hôtes étaient grands de même que, sans prétention, l'esprit des lieux.

Pendant qu'Hannah retournait aux derniers préparatifs de la cuisine, Toscan conduisit Bosnia et Adem à l'étage « pour vous montrer vos appartements et pour vous rafraîchir » et là, dans cet ancien grenier converti en « chambre d'amis », ils découvrirent une jolie pièce sous les combles, avec lucarnes, de même qu'une « bibliothèque », grande pièce de travail avec table et fauteuils et, attenante, une salle de bains ultramoderne, Bosnia et Adem déposèrent leurs sacs et, les larmes aux yeux, Bosnia dit à Toscan, lui serrant les mains : « C'est trop, monsieur Toscan, c'est beaucoup trop pour nous », et Toscan, lui caressant les cheveux, un peu troublé, un peu gauche dans sa façon d'exprimer une affection réelle à des jeunes qu'il n'avait pas l'habitude de côtoyer, dit : « Mais non, mon petit, après ce que vous avez traversé, vous savez, Milovan m'a parlé de vous deux, ce ne sera jamais trop, la vie qui s'en vient ne vous choiera jamais assez » et il se détourna, lui, le peu bavard, comme s'il avait trop parlé.

(Le lendemain, au lever, Bosnia et Adem contempleraient la vue sur les toits de Paris, pour ce premier matin, ce serait un ciel pur qui les accueillerait, conduisant leurs regards éblouis jusqu'au dôme du Panthéon et, de l'autre côté, jusqu'au faîte des arbres du jardin des Plantes trempant leurs pinceaux qu'on aurait dits chinois sur la feuille translucide de la Seine un peu plus loin.)

Malgré la fatigue, ce fut dans l'euphorie que les quatre voyageurs trinquèrent à leur arrivée à Paris – et les jeunes, impressionnés par le lent rituel de dégustation de leurs aînés qui officiaient cette cérémonie aux allures sacrées, humèrent d'abord les arômes, puis trempèrent leurs lèvres, firent rouler longuement en bouche et dégustèrent un délicieux Sancerre du mystérieux caviste « au grand vin à petit prix » qu'ils finiraient bien par découvrir un jour.

« Vous allez vous reposer ici, dit Hannah, avant de commencer vos démarches pour les études et le travail. Ce soir, essayez de ne pas trop penser et de vous divertir. Vous savez, ne vous sentez pas obligés de parler de votre guerre, ni gênés d'en parler tant que vous voudrez. Moi aussi, je viens d'une guerre. Je suis née en Hongrie, mais, au fond, je suis venue au monde dans la guerre. Je suis juive. Une survivante de la Shoah. Une rescapée d'Auschwitz où tous les membres de mes deux familles ont été exterminés. Certains ne veulent plus en parler, c'est leur droit. D'autres ne veulent plus en entendre parler. Moi, je dis aux non-Juifs qui ne veulent plus en entendre parler que, en ce qui me concerne, je raconterai pendant autant d'années qu'il y a eu de Juifs assassinés, c'est dire que je parlerai, sans tourner ma langue septante fois sept fois dans ma bouche, pendant sept millions d'années et, même après ma mort, si j'ai encore une bouche dans une autre vie, sait-on jamais, j'en parlerai pendant l'éternité. »

Étrangement, qu'Hannah parle de mort et de génocide faisait du bien à Bosnia, Adem, Sophie et Stefan, comme si elle les avait ramenés tout droit à cela qui leur avait fait si mal, qu'ils avaient souvent envie de raconter, mais qui voulait les entendre ? qui, sur les sols paisibles, daignait prêter l'oreille à l'horreur ? qui donc avait cette incommensurable force de ne pas sombrer devant les récits trempés dans l'encre des plaies encore vives ?

Et, paradoxalement, quand ils passèrent à table, sur laquelle Hannah avait déposé son plat d'agneau aux flageolets et aux haricots, et que Toscan servit le bordeaux carafé, les éclats de voix et les rires reprirent, ils auraient dévoré toutes les assiettes tant l'appétit était grand et les odeurs, alléchantes.

Toscan déclara à la ronde : « Qui veut me goûter ce vin ? »

XXII

Assise dans son lit au milieu de l'obscurité totale, Adem dormant sans histoire à ses côtés, Bosnia cherchait à tâtons sa lampe de poche, n'en pouvait plus de cette minuit où elle avait l'impression d'avoir dormi entre deux eaux, voulait rejoindre la bibliothèque, le bon fauteuil et, alors, elle s'enroulerait des épaules aux pieds dans un châle chaud, elle désirait mettre de l'ordre dans son esprit, et elle lirait, il y avait tant de livres qu'elle aimerait ici, oui, lire ou bien tout simplement rêver – mais rêver éveillée, ne pas retomber dans cet amas d'illogismes anxiogènes où elle s'était engluée depuis le premier sommeil de cette longue nuit pendant laquelle chaque réveil était suivi d'une retombée dans d'inextricables filets d'histoires d'épouvante, parfois en équilibre précaire sur une moitié de pont de béton qui s'était cassé en deux en plein milieu de l'océan et, en bas, le vide, le gouffre, les flots rugissants qui l'aspiraient et, d'autres fois, comme l'instant d'après, mais un instant infini, la fuite dans une maison inconnue qui devenait labyrinthe, une porte qui s'ouvrait sur rien ou bien un escalier débouchant nulle part, mais quelqu'un la pourchassait, puis soudain paraissait un Mumo menaçant, barbe longue et poignard pointé vers elle, un Mumo qui voulait l'arracher des bras d'Adem, la recouvrir d'un voile et la ramener en Bosnie, si bien qu'elle avait alors crié, ce qui l'avait déportée pour de bon hors de sa nuit infernale et elle s'était assise toute droite dans son lit, cherchant à tâtons la petite lampe de poche qu'elle ne trouvait pas.

Elle essayait de comprendre d'où venait son tourment, aux antipodes de son bonheur présent – ne s'était-elle pas endormie dans les bras d'un Adem ravi des récents événements? il l'avait recouverte de mille petits baisers et lui avait murmuré, jovial, des dizaines de petits mots d'amour, ils s'aimaient tant, puis elle s'était prélassée dans un lit moelleux comme elle n'en avait jamais connu, elle avait humé l'odeur de lavande des draps et taies tout de lin doux et revu dans sa tête les conversations animées de la soirée et l'humour dont Hannah ne se départissait jamais, même quand elle évoquait, en passant, des bribes de souvenirs du camp de concentration, cet esprit tragicomique qui lui collait comme une seconde peau de l'âme et qui établissait entre le monde et elle, en toute circonstance et en douce, une distance, comme un regard jeté obliquement sur l'ensemble des événements, le rire d'Hannah n'était ni moqueur ni cynique, Bosnia cherchait à le qualifier, scrutait dans le noir les mots pour désigner ce rire qui aurait pu pleurer, mais qui, par politesse pour tous les invités qu'Hannah aimait recevoir, demeurait à la frontière du désenchantement. Puis, Bosnia avait débobiné le fil du récit de ce que son hôtesse nommait son « illumination athée », ils avaient ri aux larmes avec cette histoire de « déconversion », même Toscan qui la connaissait par cœur et qui, lui aussi, s'était « déconverti » de l'islam, « il y a des lustres », comme il disait.

Mais Hannah, elle, avait un « parcours atypique, vous en conviendrez, mes enfants ». Sa famille juive hongroise était communiste du côté de son père et rabbinique du côté de sa mère, mais sa mère s'était elle-même « déconvertie » en épousant son père et était devenue « tenez-vous bien, mes enfants, d'obédience communiste ». Mais au camp d'Auschwitz, « l'histoire a parfois de ces détours », Hannah rencontra des communistes d'Europe de l'Ouest de tradition catholique et l'un d'eux, un jour, lui avait offert deux livres de Paul Claudel, *Connaissance de l'Est* et *Cinq grandes odes*, qu'elle avait aimés au point de tout vouloir lire de ce poète, si bien qu'à son arrivée en France beaucoup plus tard, après sa libération d'Auschwitz, en 1945, et sa déportation dans un camp soviétique de Sibérie, et après avoir gagné Israël où elle vécut cinq ans dans un kibboutz dont elle n'aima pas l'esprit communautariste et prosélyte, elle voulut, dans cette France pour laquelle elle eut « un coup de foudre qui ne s'est pas éteint », recommencer à lire Paul Claudel. Elle acheta tous ses livres, se rendit à Notre-Dame, toucha la colonne face à l'autel de la Vierge où il s'était converti à la fin du XIXe siècle en se comparant à Paul de Tarse illuminé sur le chemin de Damas et Hannah se convertit à son tour, n'écoutant que cette passion soudaine, prit rendez-vous avec le curé de la cathédrale qui, étonné de ce phénomène « inhabituel en cette ère postmoderne et déconstructiviste », c'étaient ses mots, accepta de la confesser, de lui donner la communion et de la diriger vers des cours de catéchisme.

Mais un jour, à travers toutes les fureurs et les stupeurs de ce XXe siècle meurtrier, quand elle comprit la démesure de tous les conflits génocidaires de la planète, vit que tant d'autres peuples encore étaient l'objet de tentatives d'extinction, partout et sur tous les continents de la terre – peut-être moins dans les Amériques, mais, au Sud, il y avait tout de même les dictatures et la torture – et qu'elle saisit dans toute son ampleur le dépérissement de la planète elle-même parce que les grands régisseurs et corrupteurs du monde la dilapidaient sans vergogne, un jour qu'elle se trouvait en haute montagne, dans ces Alpes qui touchaient le ciel et sur lesquelles les moines d'autrefois avaient érigé leurs munificents monastères d'où ils avaient lancé, siècle après siècle, leurs prières, incantations, invocations et suppliques vers ce Dieu souverain afin qu'Il fasse taire d'ici-bas les fureurs et quand elle se rendit compte que ces longues conversations des cimes n'avaient été que monologues au bord des abîmes, soudain, elle connut son « illumination athée », ne crut plus à rien, ni aux religions terrestres ni aux promesses célestes et depuis, avait ajouté Hannah, « je vis libérée des entraves et des illusions, je suis libre, libre, les enfants, comprenez-vous ? »

Bosnia repensait à cette soirée dans la nuit noire d'une chambre qu'elle ne connaissait pas, assise tout près d'Adem qu'elle entendait respirer et qui était son-amour-jusqu'à-la-fin-de-nos-jours, comme elle disait souvent à Adem. Autour de la table, au son des bouchons qui sautaient et des verres qui tintaient, ils avaient parlé longtemps, discouru de l'existence de Dieu, seule Sophie « avait encore la foi », c'étaient ses mots, « tu as le droit », avaient-ils répété tous en chœur, « ça ne fait de mal à personne », et Toscan avait raconté ce qu'il avait entendu dire par un personnage d'un film, vu récemment à la télévision, mais dont il ne se souvenait ni du titre ni du nom du cinéaste : « Dieu, il existe pour ceux qui y croient et il n'existe pas pour ceux qui n'y croient pas », la soirée s'était terminée par des chants de l'ex-Yougoslavie, ils étaient quatre à table qui les connaissaient bien – et Hannah les avait accompagnés au piano, Sophie avait dansé avec Bosnia, avait pleuré dans son cou de chaudes larmes, mais on ne savait pas pourquoi, Sophie sans doute elle-même l'ignorait.

Non, ce ne pouvait être cette superbe soirée qui avait propulsé Bosnia dans les méandres des souterrains lugubres, à moins de prendre en compte le foisonnement d'histoires sinistres déposées en elle depuis si longtemps, ce qu'elle pouvait admettre, mais nom de pas dieu qu'elle détestait les énigmes même si celles-ci avaient l'heur de l'attirer puisqu'elle passait une bonne partie de sa vie le nez plongé dans les livres, l'esprit rivé aux fictions les plus mystérieuses de l'histoire humaine, n'avait-elle pas bu avec ivresse depuis toute jeune chaque goutte de *L'Iliade* et *L'Odyssée*, de *L'Énéide* de Virgile et même de *L'épopée de Gilgamesh* alors que ses camarades de lycée tombaient d'ennui à chacune de ces lectures obligatoires? Et voilà que, seule dans la nuit, rassurée tout de même par la respiration paisible de son amour, elle se souvint subitement de l'appel téléphonique fait à sa mère, l'avant-veille, de Grenoble – mais pourquoi avait-elle égaré depuis lors, dans quelque recoin inaccessible de sa mémoire, cet appel? «sans doute pour les mêmes raisons qui produisent l'oubli quand j'ai mal», ça, au moins, elle le savait, et voilà que lui revenait cette voix blanche de sa Mamouni, qu'elle ne reconnaissait plus, cette voix neutre lui disant, «ton frère Mumo est revenu», le choc, revenu, plus le même, plus Mumo, c'était ce que Bosnia avait entendu de la bouche de sa mère qui ne semblait pas libre de parler, «je t'écrirai, ma chérie, je t'écrirai, non, Mumo ne veut pas te parler au téléphone, il veut te voir ici, il veut te voir voilée» et Bosnia avait fini par comprendre que, après la prison serbe où Mumo avait été torturé-mutilé et d'où il s'était enfui, ne retrouvant plus sa famille, fou de colère et de désespoir, il avait vu enfin la lumière d'Allah qui l'avait sorti de son désert de cœur pour le conduire en Terre sainte, l'Arabie Saoudite, d'où il revenait.

Son frère revenu, voici que Bosnia l'avait perdu.

Assise toute droite dans son lit, sous les lueurs de l'aube qui se levait déjà, Bosnia eut grand-froid. Elle se lova contre le corps tout chaud d'Adem et lui dit, presque endormie: «Tu veux que je te raconte demain?»

XXIII

Ce fut l'odeur du café qui réveilla Bosnia et, dehors, le roucoulement d'une tourterelle. Elle avait fait une dernière portion de nuit sans rêves, douce et lisse comme l'air ambiant. Sur la table de chevet, elle vit un billet d'Adem. Comme convenu, il partait pour la journée, retrouver d'abord Stefan au bistrot, puis voir à toutes les démarches afférentes à l'inscription en bonne et due forme à la fac de droit – il voulait obtenir des équivalences pour ses deux années de licence, à l'université de Sarajevo. Après ses mots d'amour, Adem terminait par un petit poème :

Entre grenier et sous-sol
J'ai trouvé cet écrin
Éclats, trous de mémoire
Par où coule l'obus
Baigné du sang des mots
Mer noire mer rouge
Jusque dans l'amour

Bosnia baisa le papier, le plaça comme signet dans un livre découvert dans la bibliothèque et dont elle lut le début, qu'elle aima, c'était *Le livre de Promethea*, d'Hélène Cixous qu'elle ne connaissait pas. Elle ouvrit toute grande la fenêtre, un rideau de pluie fine tombait sur les tuiles bistre et sur la pierre grise de la maison d'en face, elle voyait les toits jusqu'à très loin, des fumées couraient vers le ciel de ce novembre frisquet, puis l'image de Mumo, barbu et méchant, et la voix apeurée, comme affolée de sa Mamouni vinrent déchirer l'atmosphère, elle eut froid, referma la fenêtre, s'habilla à toute vitesse, descendit vers l'odeur du café, elle avait faim, elle voulait parler à quelqu'un, ah! si Hannah pouvait être là!

Hannah était là. Dans cette vaste cuisine qui ouvrait sur une cour intérieure regorgeant de plantes et de bosquets et où une vigne grimpante donnait l'impression d'une alcôve au milieu d'un jardin suspendu, même en novembre où le roux chaleureux avait délogé à peu près toute verdure, se tenait Hannah, au bout d'une longue table de pin rustique, le visage plongé dans un livre, un bol de café fumant à sa droite, elle était là dans sa robe grise d'une autre époque, mais incroyablement seyante, elle était là, toute belle dans son âge, avec un cardigan vieux rose qui teintait d'une lumière discrète sa figure, peau fine, si blanche et dont les quelques rides semblaient capter les humeurs du monde depuis toujours, et celle qui avait vécu l'innommable de la Shoah, qui vivait encore les catastrophes meurtrières de ce temps, était toute à sa lecture et à son café fumant, semblant ravie telle l'enfant qu'elle fut et qui entend encore aujourd'hui le frémissement des feuilles du jardin sous la pluie.

Hannah leva les yeux de son livre, plaça sur la page son index pour ne pas perdre sa place, sourit à Bosnia qui, les cheveux en broussaille et le regard encore loin dans ses songeries, ressemblait ce matin à l'enfant sauvage qui sort de sa forêt de dangers, stupéfait de l'apaisement des chaumières: « Fais comme chez toi, mon petit. Sers-toi de fruits et de pain, il y a là beurre et Nutella, ou bien confitures et miel, si tu veux, je termine mon paragraphe et je nous fais un autre bon café, tu as bien dormi, j'espère ? », et Hannah retourna à sa lecture, Bosnia vit le titre et le nom de l'auteur, un autre qu'elle ne connaissait pas, « mais j'ai le temps, se disait-elle, je suis jeune », c'était *L'imprescriptible* de Vladimir Jankélévitch, aux éditions de Minuit dont elle trouvait si beaux les livres. Il y avait tant de sujets dont elle aurait aimé parler ce matin à Hannah : la mort de son père Ismet, la folie de Mamouni, la mort de ses chères Adila et Marina, son viol à quatorze ans, la méchanceté du monde, mais aussi sa bonté parfois – elle revoyait son amour d'Adem, leur Milovan adoré, protecteur et second père, et eux maintenant, Hannah et Toscan, qui croisaient leur chemin avec tant de générosité au moment où leur vie n'était pas loin de ressembler à une chape de désespérance.

Elle aurait aimé parler de Mumo, de cet amour qu'elle avait eu depuis toujours pour celui qu'elle appelait son jumeau, du faux deuil qu'elle avait dû faire pendant ces années où elle ne savait même pas s'il était mort – où il était mort, et comment – ou vivant – où il était vivant, en quel état –, son trouble avait été si grand, son trouble avait marqué toutes ses pensées, toutes ses actions – les combats dans le maquis avec son père Ismet, la mort et l'enterrement de ce père-mère Al-Lât avec sa larme de chair et son lapin de garenne, la vie et la mort de ses meilleures amies de toujours, Adila et Marina, et même la folie de Mamouni, car, lorsqu'elle l'avait bercée à l'hôpital psychiatrique et qu'à la muette devenue elle avait chanté des berceuses, il y avait toujours entre elles Mumo disparu-on-ne-savait-où-ni-comment. Elle aurait voulu raconter ses cauchemars de la nuit, confier qu'elle ne désirait pas retourner aux études maintenant, dire qu'un jour elle aimerait être médecin des corps et médecin des esprits mais, qu'en attendant, elle voulait juste se reposer, lire, prendre le temps, prendre son temps, découvrir Paris, voir des musées, des galeries, des films, aller au concert, marcher dans les parcs, marcher tous les jours et rêver, peut-être bien peindre dans sa chambre, ou plutôt avoir un coin atelier dans la bibliothèque, la lumière était si belle là-haut, même sous la pluie, même dans la pénombre de l'aube. Elle aurait voulu dire qu'il lui faudrait retourner quelque temps à Sarajevo, voir sa mère dont elle s'inquiétait et affronter Mumo, ce qui la terrorisait, car autant elle avait été courageuse au combat contre les ennemis, autant, devant son grand frère de jumeau, elle se sentirait peureuse, démunie.

Il lui faudrait chercher du travail, elle le savait, aborder la question du loyer à payer à ses hôtes, cela la gênait, puis lui revint à l'esprit le poème d'Adem :

Entre grenier et sous-sol
J'ai trouvé cet écrin
Éclats, trous de mémoire
Par où coule l'obus
Baigné du sang des mots
Mer noire mer rouge
Jusque dans l'amour

Dans sa tête, elle répéta « Baigné du sang des mots », vit Hannah qui la regardait avec cette intensité qui semblait la caractériser – il y avait dans son visage cet air distancié mais présent, quelque chose de lointain et d'ici, en même temps, comme un détachement qu'une expression de mansuétude aurait accompagné sans relâche – et Bosnia allait lui demander « d'où vient votre bonté ? », de quel territoire, de quel temps l'avait-elle ramenée et comment faisait-elle pour la conserver intacte dans ce monde d'aujourd'hui marqué au sceau du cynisme et du désabusement ? mais ce fut Hannah qui parla la première, de tout et de rien, du livre qu'elle était en train de lire, du pardon que les victimes de la Shoah ne peuvent accorder à leurs bourreaux, car elles sont mortes, les victimes, à moins qu'il existe une cour pénale éternelle et divine où, par définition, l'imprescriptible ferait loi et l'enfer serait ce Jugement dernier prononcé par un seul Dieu, seul et unique en sa parole, mais elle n'y croyait pas, n'y croyait plus. Alors, sa propre cour pénale, après moult turbulences, elle l'avait érigée dans son cœur, avait voué aux gémonies de l'absence et de l'anéantissement ceux-là qui faisaient œuvre de mort, physique ou psychique – qui n'existaient plus pour elle, elle n'y pensait plus, ne les voyait plus – et Hannah avait cultivé jour après jour pour tous les autres cette chose qu'on peut appeler tout simplement la bonté.

Il ne pleuvait plus. Elles allèrent au jardin. Bosnia raconta tout cela qui lui brûlait ce matin-là le cœur et l'esprit, elle dit son amour pour Adem, mais aussi sa désespérance devant la pourriture humaine, elle dit sa tendresse infinie pour sa mère, mais aussi les blessures des deuils de son père et de ses amies, elle raconta le viol et dit son épouvante à la perspective de revoir Mumo qui n'était plus Mumo, et elle parla du rêve d'études et du désir d'enfant, de son envie de perdre du temps, de lire, de rêver et de se reposer, « j'ai vingt-six ans, Hannah et, certains jours, je me sens vieille, comme si j'avais au moins cinquante ans » et elle avoua son désir de mourir qui revenait cycliquement dans des rêves de vertige ou bien de labyrinthe, comme si le vide, en bas, le vide et la mort la happaient vers leurs tourbillons catastrophiques – même si, la plupart du temps, elle se savait incapable de commettre l'irréparable et de se suicider.

Elles revinrent à l'intérieur, Hannah prépara un autre café et elles parlèrent encore toute la matinée. Bosnia lui confia aussi sa gêne pour l'argent, cette dette à leur endroit qui l'embarrassait. Hannah redevint drôle et tira les choses au clair comme un commandant de bord. Toscan n'avait pas de descendant. Elle-même n'avait jamais eu d'enfant, « à l'âge fertile, j'étais seule dans les camps, et sans amour », et ne demandait pas mieux que de les aider. Bien sûr, Bosnia pourrait s'occuper avec « des petits boulots de traduction, pour ne pas perdre la main – la main du monde », ajoutait Hannah. Puis, après en avoir discuté avec Toscan, elle leur proposa de faire le ménage de l'appartement, une fois la semaine. « Vous choisirez votre jour. – Oui, ça, c'est bien, marché conclu pour moi, dit Bosnia en venant l'embrasser. – Pour le reste, prends ton temps, mon petit, laisse du temps au temps. »

Et Hannah raconta à Bosnia cette journée d'il y avait quinze ans, au retour d'Israël qui l'avait tant déçue, juste après sa « déconversion » et son « illumination athée », foudroyée qu'elle avait été par les lumières de la raison, voyant s'éteindre dans la noirceur humaine les trois figures divines, celles de Yahvé, d'Allah et de Jésus-Christ avec le Père et le Saint-Esprit, et après avoir considéré tous les prophètes et les saints, les vierges et les martyrs au même titre que tous les personnages de toutes les mythologies du monde, grecs, latins, aztèques, hindous ou innus, après qu'elle eut tiré tous les enseignements possibles sur l'abyssale complexité de la tragédie humaine, un jour que cette intelligence énigmatique des choses, après avoir tout éclairé, avait éteint en elle et autour d'elle toute lumière, de l'étoile dans le ciel à la moindre brindille au jardin, qu'elle se trouvait sans amour véritable depuis si longtemps et sans le moindre espoir de voir changer le cours de l'histoire du monde, et de la sienne propre, elle se sentit soudain marcher sur la crête de la terre entre deux abîmes et elle eut le vertige. N'ayant même pas le recours cioranesque du livre à écrire, elle ne considéra que trois issues – aucune d'elles dans l'enchantement : soit elle se suiciderait (mais elle avait en horreur chacun des scénarios du suicide, noyade, pendaison, balle de fusil ou médicament, tous ces moyens lui répugnaient), soit elle rentrerait chez elle et passerait le reste de ses jours à « faire RIEN » (pour elle, « faire RIEN » était beaucoup plus grave, plus actif dans le malheur que ne rien faire, « tu comprends, Bosnia ? »), soit elle irait dîner seule dans un grand restaurant (et elle verrait !). Elle opta pour la troisième issue. Ce fut au restaurant, ce soir-là exactement, qu'elle rencontra Toscan qui, lui, se trouvait à peu près dans les mêmes dispositions d'esprit qu'Hannah.

Sur la table du restaurant des dés avaient été lancés, coup qu'ils n'avaient pas prévu. Et le hasard avait ouvert une autre voie.

Machinalement, elles se dirigèrent vers le piano. Hannah prit ses feuilles. De Franz Liszt, elle joua *Bénédiction de Dieu dans la solitude*. Bosnia pensa : « C'est comme faire l'amour, on n'a besoin ni de pleurer ni de rire, c'est fait dans la matière qui joue. »

Hannah dit, sa pièce exécutée : « On va ensemble visiter la bijouterie de Toscan, cet après-midi ? »

XXIV

En remontant le boulevard de Port-Royal où se trouvait la bijouterie de Toscan, Hannah fit remarquer à Bosnia, à la hauteur du 31, la plaque commémorative sur laquelle étaient gravés les noms de Paul Claudel et de sa sœur Camille qui avaient vécu dans cette maison entre 1892 et 1896. « Tu vois, quand j'étais croyante – quelle drôle d'expression, tu ne trouves pas ? – j'étais fétichiste en plus, j'aurais touché cette plaque, tellement ce poète avait représenté pour moi l'espoir fou d'une vérité souveraine, la certitude d'un au-delà fait de lumière et de bonté face à l'absurdité de l'humaine condition, après le désastre et les ténèbres dans lesquels nous avait plongés le nazisme, nous qui, pendant des siècles, avions vécu d'exils en pogroms et en diasporas, je voyais en ce poète, comme en Nietzsche, une apologétique de l'espoir, une façon d'accorder le verbe au souffle seul, une autre manière de connaître (il disait « co-naître », naître avec) et, par un long détour chez les tragiques grecs, il plongeait, tu ne trouves pas que c'est beau ? "au fond du défini pour y trouver l'inépuisable". C'est l'époque, tu sais, mon petit, je te parle là des années cinquante, c'est l'époque où j'ai lu tous les tragiques grecs et toute la Bible, Ancien et Nouveau Testaments et plusieurs grands mystiques occidentaux dont, c'est étrange, mais je n'y vois pas de contradiction, le grand philosophe juif espagnol du XIIe siècle, Abraham Aboulafia, et son *Épître des sept voies*. Je les aime encore tous, ces croyants en l'Éternel, je ne renie aucune de mes lectures d'alors, aucun des viatiques dont j'eus besoin pour survivre. Mais un jour, je t'ai dit, ce fut la nuit noire elle-même qui devint radieuse. » Hannah caressa la plaque de marbre, saluant affectueusement son passé en-allé. Elles reprirent leur marche bras dessus, bras dessous et traversèrent au clouté, pas très loin de la petite rue Pascal, en bas.

Toscan était à son établi et s'en vint les embrasser tendrement : « Bien dormi ? Bien déjeuné ? Voulez-vous un bon café ? » furent ses mots de salutation. Pendant qu'il s'affairait au café, dans l'arrière-boutique, Bosnia prenait la mesure des lieux, fascinée par autant de merveilles dans un aussi petit local qui, par certains aspects, eût pu faire penser à un atelier du XIXe siècle – et même d'avant, il y avait une atmosphère médiévale là-dedans. La pièce était divisée en deux par une grande table de bois de chêne rongé par le temps qui servait à Toscan d'établi. Il y avait, accrochés au mur ou placés sur la table, tout le matériel et tous les outils pour réparer les montres – « les montres, mais pas les horloges », disait toujours Toscan comme s'il s'adressait à un large public, « les montres, mais pas les horloges », répétait-il chaque fois qu'un nouveau client rentrait – et ce qu'il fallait pour sertir et polir les bijoux et même fondre l'or (en vitrine, Bosnia avait remarqué cette affichette : « Achetons l'or des successions. Le coulons pour en faire des bijoux »). Derrière l'établi, Toscan faisait son métier de bijoutier-orfèvre-joaillier et, devant, il était vendeur de ses propres bijoux : en or dix-huit carats ou en perles de culture ou bien, rarement, en diamants, ceux-ci se trouvaient à l'arrière dans un coffre-fort. Il vendait aussi quelques pierres précieuses et semi-précieuses, améthystes, agates, opales, quartz, au naturel ou bien serties dans des colliers, bracelets, broches ou boucles d'oreilles, Toscan était un véritable artiste, il se disait artisan et sa boutique qui, au premier abord, ressemblait à un capharnaüm, trouvait lentement son ordre pour tout spectateur capable de saisir l'esprit des lieux, à la fois inspiré et industrieux.

Sous le soleil qui avait fini par se glisser entre les mailles du rideau de pluie, l'or scintillait et les pierres retrouvaient leur translucidité, l'opale de feu et l'opale miellée aux reflets irisés jetaient sur le tapis d'exposition rouge bourgogne mille petits gestes d'un grand ballet que Bosnia, ravie, eût voulu peindre, mais « à cette qualité de lumière, les peintres ne parviennent jamais », dit-elle, presque tout bas et Hannah répondit, comme si cela allait de soi : « C'est pourquoi les musiciens et les poètes prennent le relais. » Toscan, acquiesçant, leur servit le café. La dégustation fut lente. Elle se passa dans le silence que commandaient les beautés et le travail tout autour.

Bosnia s'apprêtait à visiter un peu ce Paris qui l'avait tant fait rêver depuis des années. Elle commencerait par son quartier du Ve, puis rayonnerait dans ceux qui le jouxtaient, les VIe, XIIIe et XIVe. Elle s'achèterait un plan – son plan à elle –, mais utiliserait d'abord celui, tout racorni, que lui avait prêté Hannah. Aujourd'hui, elle s'était fixé comme objectif Saint-Germain-des-Prés, en passant par le boulevard du Montparnasse, puis Raspail et rue de Rennes. Mais un autre chemin l'attirait aussi : couper par Saint-Michel et le Luxembourg, puis sur Vaugirard par la place Edmond Rostand. Elle hésitait. Ça l'embêtait de déplier sa carte devant tous les passants, elle préférait mémoriser son plan, puis aller au hasard, quitte à se perdre, tant elle ne voulait pas être prise pour une touriste, « je ne serai jamais une touriste nulle part, se disait-elle, je serai partout une immigrée, une exilée, une errante (là, elle pensa à l'*Étoile errante* de Le Clézio qui lui avait révélé une partie d'elle-même, innomée jusque-là), même si je retourne dans mon pays, je serai une étoile errante qui passe, part, puis revient, je ne suis pas une touriste, je ne visite pas, je demeure, là où je passe, j'habite», elle n'ouvrait pas sa carte devant les passants, elle désirait se fondre à la foule, invisible et anonyme, mais parfaitement elle-même, chez elle ou ailleurs, intégralement là où elle se trouvait, en toute conscience, chez-elle-ailleurs-partout. Étrangère. Autochtone et allogène partout, voilà ce qu'elle était.

Hannah l'accompagna jusqu'à la rue Saint-Jacques et, l'embrassant, elle dit, alors que Bosnia était silencieuse depuis le café: «Je te comprends, mon petit, partout où tu seras, cultive ta solitude comme le plus précieux des biens. On dîne ce soir vers 20 heures. On fête la fin du ramadan. Tu sais, Toscan et moi fêtons tous les grands événements des trois religions monothéistes, les Pâques juive et chrétienne, l'Aïd musulman, Noël, sans trop l'avoir décidé, nous fonctionnons avec les trois calendriers.» Puis elle ajouta, rêveuse: «Ah, les fêtes, c'est ce que les religions nous ont donné de plus beau!» Glissant un billet dans la main de Bosnia, elle eut un rire d'enfance: «Tu peux t'occuper des fromages pour ce soir?» Mais, dans la main de Bosnia, il y avait beaucoup plus que pour les fromages. Elle vit Hannah se retourner avant de s'engager dans une petite rue, à droite, elle la vit lui faire un signe de la main, Bosnia lui adressa à son tour une bise, puis la vit disparaître comme une ombre, petite femme légèrement voûtée mais si belle, qu'elle ne connaissait pas avant-hier et qu'elle aimait déjà. Bosnia eut envie de pleurer doucement, mais elle laissa couler ses larmes par en dedans.

Avançant dans les rues, elle n'avait pas assez d'yeux pour admirer tout ce qui se donnait à voir, et à vendre, la profusion de nourritures en vitrines – fruits, fromages, charcuteries, viandes de toutes sortes, qui peut bien manger tout ça ? et les pains, les pâtisseries, les vins ? –, en une seule rue, il y avait plus à manger et à boire que dans tout Sarajevo ; puis les montagnes de livres, de vêtements, de bijoux, de produits de beauté – où prennent-ils tout cet argent ? ; elle entra dans deux librairies, n'osa même pas s'offrir un livre, c'était trop, ne savait plus lequel choisir ; elle entra dans une boutique de vêtements, une autre de chaussures – quand portent-elles toutes ces beautés ? – et soudain fut accablée, assaillie par l'abondance, la richesse, le luxe, la profusion et ce fut trop, justement, et ce trop lui fit perdre sa capacité de contemplation, elle revit Sarajevo comme si cette ville fût devenue une personne, Sarajevo telle une petite sœur qui aurait été déshéritée au profit de la grande, Paris, et Bosnia trouva parfaitement injuste cet état de choses, quel dieu profane et profiteur avait concocté ce legs déséquilibré, et pourquoi ? Elle vint alors s'installer sur le rebord de pierre de la fontaine Saint-Sulpice, ne désira plus aller au café ni même au cinéma comme elle l'avait d'abord imaginé, assise là, elle se laissa dériver, ne voyant plus, des passants, que leurs pieds s'en allant en toutes directions, et les sacs de leurs achats ligotés au dos ou bien pendus au bout des bras.

Elle revit alors Sarajevo comme si elle y était, elle revit sa ville abandonnée à toutes les déprédations, dépressions, privations, elle se remémora le feu et le sang, les corps blessés ou morts, elle entendit les cris, les pleurs ou bien les râles d'agonie, repensa aux pauvres livres qu'on avait dû sacrifier un à un et, promenant son regard tout autour, comprit qu'en cette seule place Saint-Sulpice il y avait assez d'arbres, de portails et portes et de cadres de fenêtres pour nourrir de feu dix années de siège de Sarajevo. Elle revit aussi la maison de son enfance, celle qu'on avait pillée, puis incendiée et décida d'entrer dans la noirceur humide de l'église, mais fut plutôt éblouie par ce silence apaisant qu'une pratique d'orgue vint à l'improviste accompagner. Assise seule au milieu du calme et de l'inhabité, elle se retrouva dans sa forêt, recluse et sauvage, et entre les colonnes de ce théâtre du culte comme alors entre les arbres, une phrase de l'écrivain bosniaque Velibor Čolić lui revint en mémoire : « Puis ils remontèrent dans le tank et labourèrent encore une fois de ses chenilles le jardin de mon enfance*. »

Elle était à mille lieues du jardin de son enfance, mais sa seule remémoration, même triste, lui donnait, comme ici, l'insigne joie qui fut toujours sienne quand à la luxuriance s'alliait le dépouillement.

Sur le chemin du retour, l'esprit déjà à la fête qui les réunirait tous, même Stefan était invité, elle se demanda : « Quelle est la source du mal qui produit depuis la nuit humaine des temps les guerres et les injustices ? »

---

* Dans *Chronique des oubliés*, *op. cit.*

XXV

La soirée de fête de la fin du ramadan (que, de toute façon, personne n'avait observé) fut riche en rebondissements. Ils arrivèrent tous autour de 19 heures, Hannah, joviale, les attendait. Elle remit à Bosnia une lettre de sa Mamouni, qu'elle lirait plus tard dans sa chambre, puis relirait à Adem, le cœur dans l'eau. Adem, de son côté, avait fait de fructueuses démarches, d'abord à l'UNESCO où Bosnia et lui pourraient obtenir des contrats de traduction et puis, en compagnie de Stefan, à la fac de droit. Mais il lui restait des tas de demandes, des dizaines de papiers à obtenir auprès de la Préfecture de police et des services consulaires *ad hoc* mis en place dans les capitales qui recevaient les réfugiés bosniaques. Depuis les accords de Dayton*, aucune ambassade ne représentait les ressortissants de la Bosnie-Herzégovine – et surtout pas l'ambassade de Belgrade. Heureusement, il y avait le Centre des réfugiés bosniaques qui avait pour mission de leur faciliter les choses. « Je ne commencerai pas mes cours à la fac avant septembre, annonça-t-il à la tablée, mais j'assisterai à certains comme auditeur libre. » En attendant, il devait courir d'un service à l'autre, montrer

* En 1995, sous l'égide de la communauté internationale, ces accords consacraient, *de facto*, la partition de la Bosnie-Herzégovine et de la République serbe de Bosnie.

chaque fois patte blanche, affronter la dureté ou la froideur, et parfois l'impolitesse et carrément le rejet des divers employés attitrés aux guichets, il se demandait pourquoi cette aigreur ou cette fatigue endémique d'un personnel d'une société d'abondance, en apparence comblée. Il se disait « chaque pays a ses formes de guerre, sans doute, ici, elles sont disséminées, accrochées un peu partout sur les événements quotidiens comme de microscopiques insectes, mais est-ce que des milliers de petites guerres vont finir par se rassembler en une seule grande ? », cette idée le déprimait et, parfois, un seul sourire sur un visage et un seul mot d'encouragement, « ça va aller, va ! » avec un clin d'œil en guise de soutien, ou bien encore une solidarité spontanée et joyeuse se créant entre les « demandeurs de papier » attendant dans les interminables queues ou, avec leurs numéros froissés, sur des bancs inconfortables dans des salles grises et glaciales, une seule de ces petites choses suffisait à lui redonner le moral et Adem se disait alors qu'après tout ces épreuves banales n'avaient rien à voir avec les horreurs vécues en temps de guerre et que, sans être un paradis sur terre, la paix valait quand même mieux que ce qu'il avait connu dans son pays.

Quelque peu accablé tout de même, Adem raconta que, à un guichet, alors qu'il avait osé une remarque sur l'inutile brusquerie du préposé, celui-ci cria presque, pour être entendu de tous : « Si vous n'êtes pas content, retournez dans votre pays ! » Outré, Adem ne protesta pas, il éprouvait un sentiment d'humiliation qui le terrassait, lui qui, pourtant, face à l'ennemi meurtrier avait toujours su rétorquer « œil pour œil, dent pour dent », toujours su retourner le mal d'où il venait avec le même fracas. Devant le préposé et face à une assistance indifférente, il se sentait honteux, usurpateur de sol, voleur d'espace, dépourvu. En entendant ce récit, Toscan, souvent silencieux, raconta son arrivée en France, au lendemain de la guerre 1939-1945, sa fuite de l'ex-Yougoslavie après la mort de presque tous les siens, communistes notoires, dans les camps nazis, de sa jeune femme qu'il venait d'épouser, Valida. Il raconta ses père et mère, ses oncles, tantes, cousins, cousines, amis, la clandestinité dans laquelle il avait vécu avec son jeune frère, Milovan, l'arrachement qui fut leur quand ils durent se quitter, le déracinement, la déchirure pas encore cicatrisée ni chez l'un ni chez l'autre, n'ont pas besoin de se le dire, ils le savent, ils le sentent, au téléphone ou quand ils s'écrivent, c'est comme si chaque frère lisait dans la pensée de l'autre, comme s'ils avaient enfoui chacun, au fond du cœur et dans un écrin identique qu'ils n'ouvrent plus jamais, les mêmes souvenirs extraits de la mémoire vivante, « pour survivre, continuer de vivre tout simplement », ajouta Toscan, pensif, puis, s'adressant à Adem : « Mon garçon, même la méchanceté, sème-la au fond de toi. Quand tu seras avocat, ça t'aidera à comprendre les bourreaux. Pour aider les victimes, tu dois comprendre les bourreaux. Cet écrin, mon garçon, tu sais qu'il est là, tu ne l'ouvres jamais, il est là, scellé, ce qui compte, c'est de le savoir toujours là. »

Hannah s'en alla faire jouer son CD préféré, *Tantôt rouge, tantôt bleu*, Mona Heftre chantant Rezvani, elle dit : « Adem, mon petit, cette chanson-là, mon hymne citoyen à moi, elle est pour toi » :

Je ne suis fils de personne
Je ne suis d'aucun pays
Je me réclame des hommes
Qui aiment la terre comme un fruit

Ils écoutèrent en silence. De temps en temps, de sa voix frêle et juste de mezzo, Hannah accompagnait les mots – refrain et couplets, elle savait par cœur toutes les chansons.

Le téléphone sonna. C'était Sophie, de Lille, qui dit un mot à chacun, mais ce fut à Stefan qu'elle donna toutes les nouvelles. Après que ses parents l'eurent vue arriver avec ses maigres bagages – tout l'ameublement, les lingerie, literie, batterie de cuisine et autres objets d'intérieur, payés par eux pourtant, elle les avait laissés dans ce logement fui comme une prison – et qu'ils eurent entendu le récit de sa vie d'esclave sous les coups d'une brute de mari, l'arrivée du cousin de Mirsad et de son amoureuse devenus ses amis et complices d'évasion, la rencontre de Stefan et le voyage en Provence, le bonheur retrouvé avec ses trois amis, sa mère ne put retenir des flots de larmes, la prenant dans ses bras, disant « ma pauvre biche, pourquoi ne nous as-tu pas appelés ? » tandis que son père entra dans une colère éclatante, puis se mit à faire des plans pour descendre avec elle à Lyon où il trouverait, grâce à ses contacts, un bon avocat, ils poursuivraient ce salaud pour séquestration et mauvais traitements, le feraient condamner et récupéreraient tous les biens, « ah, la punition sera à la hauteur de l'offense, soit ce maudit Mirsad passerait des années en prison, soit il serait retourné dans son pays de misère, ou les deux, il verra bien de quel bois on se chauffe, nous ! ». Quand Sophie leur parla de Stefan et de son désir à elle de redescendre à Paris, d'entreprendre des études aux Beaux-Arts et de vivre avec lui à titre de coloc, le déchaînement de son père fut à son comble tandis que sa mère redoublait de pleurs : « Comment, hurlait son père, tu as choisi un tortionnaire et maintenant tu vas t'acoquiner avec un pédé ? Ça, non, sur mon honneur de père, jamais, tu entends ? Jamais !

– Je n'aurais jamais dû vous dire que Stefan était gai, je te pensais plus ouvert, papa. » En elle, Sophie trouva la source d'un calme souverain. Elle vint tout près de lui, d'habitude si affectueux, adopta le ton aimant qu'elle avait toujours eu avec lui depuis toute petite, lui expliqua tout ce qu'elle savait sur l'homosexualité, en quoi cela n'était pas une tare, lui parla de son immense affection marquée d'estime pour Stefan, « je l'aimerai, quoi qu'il arrive, jusqu'à la fin de mes jours », lui dit qu'elle ne voulait plus faire l'amour avec aucun garçon, et pour longtemps, tant elle avait souffert dans sa cage, à Lyon, et lui fit comprendre qu'elle serait, au contraire, protégée chez Stefan qui « lui, ne voudrait pas la sauter » (« ne parle pas comme ça », furent les mots de son père en l'embrassant, « l'amour, c'est très beau, tu sais, on va t'aider… »).

Tout compte fait, après une longue journée de retrouvailles avec ses parents, Sophie agréa à la stratégie de divorce concoctée par son père et accepta de rester une année à Lille, après tout, ils avaient adhéré à son projet des Beaux-Arts, donnant, donnant. Bien sûr, elle pourrait descendre à Paris aussi souvent qu'elle le voudrait : « Tu es majeure et vaccinée », disait son père, « et pauvre biche, elle a tant souffert », ajoutait sa mère en se mouchant. « Et tu l'inviteras, ton ami Stefan, on le recevra, on n'est ni des fachos ni des réacs. » Le soir, dans sa chambre de jeune fille retrouvée avec émotion, sa mère vint parler avec elle. Elle sut que Sophie était enceinte, s'arrêta net de pleurer, reprit ses esprits et mit au point comme une cheftaine le plan de l'avortement, étant bien entendu que jamais le père ne serait mis au courant, marché conclu. Après quoi, elles s'embrassèrent, pleurèrent dans les bras l'une de l'autre : « Ah, ce que j'aurais aimé être grand-mère ! » dit la mère.

C'était la première fois que Bosnia recevait une lettre de sa mère depuis son départ de la Bosnie-Herzégovine. Elle l'avait lue avant le dîner, puis l'avait laissée là-haut dans sa chambre. Maintenant qu'elle était seule avec Adem et qu'ils se trouvaient tous les deux confortablement assis coude à coude dans le lit face au carré de ciel découpé par la fenêtre de la lucarne, elle désira la lui lire, déplia le papier ligné et plié en quatre où se dessinait la calligraphie à l'ancienne qui l'avait toujours attendrie et lut à voix haute :

Ma petite Sabaheta, tu me manques mais je te veux heureuse là-bas, en France, suis ton chemin à toi et que te protège Allah ! La même chose pour Adem, donne-lui mon affection. Moi, ça va bien et ma compagne Liliana aussi. Ses deux filles aînées ont voulu la sortir d'Herzégovine pour l'emmener en Italie. Mais elle leur a dit, moi, je reste, je suis bien ici. Les filles ont fait des histoires et elle leur a dit, c'est pas de l'amour que vous avez, c'est de l'égoïsme, vous voulez vous faire plaisir à vous. À la fin, c'est Milovan qui est venu parlementer. Et elles sont reparties en Italie. Milovan est de plus en plus notre bon ami. Il vient jouer aux cartes avec nous. Ou bien nous allons marcher tous les trois dans les rues. C'est trop triste de voir la ville déconstruite par les bombes. Pour vivre, nous avons un atelier de couture dans notre cuisine, Liliana et moi. Mais le plus triste, ma pauvre petite, c'est ton frère Mumo. Ils l'ont changé en Arabie. Il était dans une école de Coran, j'ai oublié le nom, ils lui ont enseigné la vengeance. Il a la haine dans son cœur. Il voudrait que je porte un voile. Il a la haine dans ses yeux. Si ton père voyait ça, il serait malheureux. Moi, je ne veux plus le voir, j'ai trop de mal. Je ne le reconnais plus. La nuit passée, j'ai rêvé qu'il était sur mon ventre, il avait sa tête d'homme et sa barbe et, en même temps, il était un bébé. Je suis partie chercher des médicaments. Je me suis perdue dans les rues. Quand je me suis finalement retrouvée et que je suis revenue à la maison, il n'était plus là. J'ai pleuré et je me suis réveillée. Liliana dit qu'il ne faut plus y penser. Qu'on est toutes trop coupables, les mères. Tu ne pourrais pas revenir un peu, disons une semaine? Peut-être que toi, tu lui ferais retrouver la raison d'avant mieux que moi. Je te serre sur mon cœur, mon enfant. Bien le bonjour à ces bonnes gens qui vous gardent. Ils seront récompensés au ciel, inch'Allah. Bonne chance et bonne réussite à Adem.

Ta maman

P.-S. – Milovan dit que, si tu viens avec Adem, il paiera votre voyage et vous pourrez rester chez lui. Ici, avec Liliana, on n'a plus la place. Mais tu viendras tous les jours, Allah Akbar.

Bosnia replia la lettre, la plaça sur la table de chevet, elle était émue, mais la fatigue l'empêchait de trouver les mots. Elle se blottit contre Adem, ils parlèrent à bâtons rompus, firent des plans pour le retour de quelques jours à Sarajevo, ce serait sans doute au printemps, c'est si beau le printemps sur les collines. Puis, sans l'avoir prémédité, sans même savoir pourquoi, Bosnia demanda à Adem qui acquiesça, à moitié endormi: «Tu veux bien être là, avec moi, la première fois que je rencontrerai Mumo?»

XXVI

Décembre avait été tout gris et, ce matin-là, le soleil perçait comme une grosse balle de laine jaune sous les nuages qui, petit à petit, disparaissaient en s'effilochant. Le mouvement avait été subit, Bosnia voyait le manège du ciel, le nez collé à la fenêtre, se demandant comment passer sa journée, ballottée entre le désir de rester au chaud au lit avec un bon livre (ces temps-ci, après s'être inscrite comme auditrice libre à des cours de philosophie, à la Sorbonne, elle lisait «les penseurs plutôt que les artistes», ainsi qu'elle le déclarait à la ronde) et celui de sortir, d'aller voir une exposition ou de s'enfermer dans un cinéma – ce qu'elle faisait à peu près tous les jours et parfois Hannah l'accompagnait, qui était une cinéphile avertie, elle l'initiait au septième art, ensemble elles avaient écumé tout le répertoire offert du côté de la cinémathèque ou des cinémas d'art et d'essai, mais, parfois aussi, c'était avec Adem qu'elle sortait quand il avait une matinée libre, ce qui était rare, et elle savourait chaque instant de leur escapade, quand ils étaient là, tous deux rivés à l'écran voyageur, ressentant leur amour dans le silence feutré et le noir habité comme nulle part ailleurs; la dernière fois, ils avaient vu ensemble *Le regard d'Ulysse* d'Angelopoulos et, fous d'une joie commune, ils étaient sortis dans la rue, main dans la main, se disant qu'après ce film génial ils ne verraient plus jamais la vie de la même façon, ni même la ville qu'ils reconnaissaient à peine.

C'est le soleil qui l'emporta. Elle sortirait. Il y avait en elle ce jour-là ce besoin irrépressible d'être seule et, quand cela lui arrivait, rien au monde ne pouvait la distraire de cette injonction limpide du cœur, ni le bruit ni la foule des passants qui croiseraient son chemin, rien ne pouvait la sortir d'elle-même ou, au contraire, s'immiscer en elle, ces jours-là elle était dans sa solitude comme dans une maison qu'elle se serait construite au creux de la forêt ou face au grand large de la mer, mais, en fait, cette petite maison, elle était née dedans et n'avait fait, au fil des années, qu'y ajouter des pièces, des portes, des fenêtres – pendant la guerre, c'était un long sous-sol qu'elle y avait creusé de ses mains nues, une faible lanterne pour les travaux d'excavation, là, elle ne retournait jamais, de cette solitude hantée, elle ne voulait plus, mais ces temps-ci, dans ses rêves de nuit, elle s'y retrouvait bien malgré elle, se réveillant parfois le corps collé à la paroi visqueuse, des insectes immondes agrippés à ses cheveux. Elle sortait justement de l'une de ces nuits, avait vaguement entendu Adem se lever, préparer ses affaires, l'embrasser et partir, et s'était vue, à son corps défendant, reprendre le chemin du sommeil dans ces caves lugubres, puis un cri l'avait propulsée dans le matin clair et elle s'était retrouvée face au soleil, le nez collé à la fenêtre, l'âme ballottée entre les beautés du jour et les lambeaux de cauchemars qui flottaient encore dans l'air du temps. C'était décidé: ni livre, ni cinéma, ni église où elle se réfugiait parfois pour entendre des concerts gratuits, elle sortirait dans le soleil, elle marcherait, elle réfléchirait car, depuis quelque temps, une question lancinante venait troubler son bonheur présent: « Qu'est-ce que je fais de ma vie? »

Bien sûr, elle était jeune, mais elle avait beau se dire « je n'ai que vingt-six ans, bientôt vingt-sept », elle pensait « demain ce sera trente, puis quarante et, si ça continue, je n'aurai rien fait de ma vie ». Face au miroir, elle se trouvait jeune et jolie – « tu es très belle, la plus belle entre toutes », lui disait Adem –, mais en elle, dans son miroir secret, il y avait déjà une femme vieillie qui n'avait rien accompli et qui pourtant avait beaucoup rêvé avant la guerre, surtout dans la forêt, combattant au côté de son père Ismet, et elle s'était projetée dans les plus grands destins. Pour se rassurer, elle n'avait de cesse de se rappeler certains éléments tout simples, par exemple, ses études que seule la guerre avait interrompues et qu'elle reprendrait sitôt qu'un sentier imprévu lui indiquerait la vraie voie – elle voulait toujours devenir « médecin des esprits », comme elle disait – ou encore, ce désir d'enfant qui n'était qu'entre parenthèses – mais maintenant, dans leurs conditions fluctuantes à Adem et à elle, prendre le risque de mettre un enfant au monde serait insensé et dans quel monde, nom de pas dieu ! prendre ce risque serait irresponsable, c'est ce qu'ils se disaient tous les deux – et pour l'instant elle absorbait raisonnablement ses contraceptifs, mais parfois elle s'inquiétait de l'espace qu'il lui faudrait un jour ouvrir dans sa petite maison au creux de la forêt ou face au grand large de la mer – trouverait-elle un lieu pour un autre être, même tout petit, et qui en plus devrait passer d'abord par la demeure de son propre corps, le temps venu, saurait-elle agrandir son domaine de solitude ? Ou bien, mettre au monde et élever un enfant ne consisterait-il qu'à aménager un jardin entre deux ermitages ? Et autant de jardins cultivés qu'il y aurait d'enfants ? de sorte que la vie passerait à ouvrir un domaine en pleine forêt ou face au grand large de la mer ? Mais de cela, jamais Bosnia ne s'entretenait avec Adem, pourquoi ? Elle voulait y réfléchir aussi.

La journée serait fraîche, elle s'habillerait chaudement et marcherait dans le soleil, toujours sur le bon côté des trottoirs, elle irait peut-être dans un parc, elle avait besoin d'arbres et de végétation et, à défaut des prés et pâturages et des boisés de son enfance, elle voulait humer l'air de la terre, sentir l'humus des sols gelés craquant sous la chaleur du soleil, besoin de renouer avec la glèbe dans une oasis de ville, d'entendre les oiseaux d'hiver, ces sédentaires que la fidélité à la même patrie n'avait tout de même pas empêché de voler ni de s'égosiller dans une langue chantée venue d'ailleurs, il y avait très longtemps.

Elle entendit le piano d'Hannah résonner dans toute la maison. Le matin, Hannah faisait ses gammes, accords et arpèges et quelques études de Czerny pour sa mise en forme, c'étaient là ses « exercices de réchauffement » et cela donnait aux lieux l'atmosphère de la plus belle enfance, quand, avec sa mère, Sabaheta-Bosnia passait quelques semaines chez ses grands-parents, l'été, en Roumanie, que toute cette maisonnée de jeunes oncles et tantes, tous musiciens, s'égayait à jouer le piano et le violon, à chanter, à danser et que le grand-père à la moustache et au béret toujours vissé sur la tête souriait, extatique, derrière les volutes de sa fumée de pipe. Et cette phrase tomba toute seule du ciel dans l'oreille de Bosnia : « On peut bien dire : les ailes de l'amour / Mais la mort vole cent fois plus haut », d'où venaient donc ces mots, revenus au moment même où elle revoyait chacun des visages de sa famille maternelle roumaine, tous si gais dans son souvenir, enfuis tous au fil des années de l'autre côté de la vie ? D'où venaient ces deux vers alors que, baignée de nostalgie, elle était envoûtée par le piano d'Hannah ? Puis en descendant l'escalier vers la cuisine où elle irait se faire un bon café, les phrases retrouvèrent leur nid d'origine. Elles venaient d'un cours sur la poésie russe, au lycée, s'étaient extraites par elles-mêmes d'un poème d'Ossip Mandelstam, « Cassandre » – traduit par Henri Deluy –, écrit en 1917 et dédié à Anna Akhmatova, extraites et fichées seules au ciel de la mémoire, étoiles brillantes dans la nuit de la mort.

« En passant près du salon, j'irai embrasser Hannah et je lui demanderai, à elle qui a connu le génocide de son peuple et qui a connu les camps, nazis et soviétiques, et qui n'est pas loin de la mort (mais ça, je le suggérerai délicatement), d'où récolte-t-elle sa joie, de quel terreau, de quelle clairière ? – et sur quel sentier l'a-t-elle un jour débusquée ? »

Hannah vint prendre un café avec Bosnia, qui, en guise de bonjour, répéta le poème de Mandelstam adressé à Akhmatova : « On peut bien dire : les ailes de l'amour / Mais la mort vole cent fois plus haut », puis elle raconta quelque peu sa famille roumaine, mais ne posa pas ses questions sur le bonheur et la joie, elle était déjà dehors.

Elle était partie vers le jardin des Plantes, si près de chez elle après tout, avait besoin de calme et de la sérénité des pensées, les mauves, les blanches, les jaunes, seules fleurs qui bravent l'hiver et semblent ne mourir jamais, en passant, elle vit, comme chaque fois qu'elle se dirigeait de ce côté, la Grande Mosquée de Paris, elle ne voulait pas y entrer, jamais, bien décidée à fuir ici tout ce qui la ramènerait à des remémorations maléfiques – et d'ailleurs, eût-elle vu une église orthodoxe qu'elle se fût comportée de la même façon tant cette religion représentait pour elle depuis la guerre un enfer de férocité et de supplices pervers qui défiait toute imagination, empêchant la sienne de se déployer lorsqu'elle repensait aux horreurs vécues par les siens, quand, à la vitesse de l'éclair parfois, en plein milieu d'un film, d'une conversation ou d'un livre, remontaient à sa conscience des éclats d'images obscènes, non, elle ne voulait pas, fuyait ces lieux dits sacrés qui étaient pour elle tatoués d'armes agoniques et d'outils funéraires.

Elle marcha dans toutes les allées du jardin des Plantes et vint finalement s'asseoir dans sa préférée, celle du centre bordée de pensées, celle qui conservait le soleil le plus longtemps. Elle se laissa dériver, suivit chacun des légers mouvements de vie au gré des fluctuations – oiseaux, feuilles, pétales remuant sous les rayons obliques, pas des promeneurs solitaires, corbeaux s'ébrouant au soleil dans une flaque, noire comme eux, ils s'y amusaient ferme, ne trouvaient pas tous les jours de tels océans sous le ciel bleu et l'un d'eux, quittant le groupe, s'en alla studieusement enterrer sous une motte le quignon de pain qu'il avait rapporté d'une chasse lointaine chez les humains.

Et puis, tout d'un coup, rêveuse sur son banc, ne pensant plus à rien de particulier et surtout pas au sens général qu'il fallait donner à sa vie, elle eut cette certitude, aussi claire que cette boule de soleil sur le point de disparaître derrière les immeubles de la rue Buffon, oui, c'était ça, elle se devait de retourner le plus tôt possible à Sarajevo, pas au printemps, non, tout de suite après le temps des fêtes, car avant, ce n'était pas possible, ils avaient promis à Hannah et à Toscan de fêter Noël tous ensemble – même Sophie viendrait, ses parents ayant planifié depuis longtemps un voyage au soleil, sur les sables égyptiens –, mais à présent, elle ressentait là, sur ce banc du jardin des Plantes, une espèce d'urgence, l'appel pressant de Mamouni et de la Bosnie tissé au désir inquiet de revoir Mumo sans plus tarder, d'avoir le cœur net à propos de ce frère qu'elle avait tant aimé – et qu'elle croyait pouvoir chérir encore.

Au retour, elle vit Adem remonter la rue du Fer à Moulin. Elle se précipita dans ses bras, lui dit à bout de souffle: « Tu veux venir avec moi à Sarajevo tout de suite après les fêtes ? »

XXVII

Bosnia entra dans la chambre toute blanche sur la pointe des pieds, même Hannah était blanche, ses cheveux, son visage, ses mains, sa robe de nuit et dans la lumière tamisée d'un après-midi pourtant ensoleillé, les stores mi-fermés jetaient dans la pièce un éclairage surréel, comme si l'on avançait dans un espace sourd de velours satiné, rien ne bougeait ici, même pas le visage ou le corps d'Hannah – « oh mon Dieu, j'espère qu'elle n'est pas morte ! » –, elle s'approcha, vit qu'Hannah respirait, s'assit tout près sur la chaise entre fenêtre et lit et songea, dans ce grand silence de la maladie tout autour, à l'effroi qui avait été leur quand, le 20 décembre dans la soirée, Hannah s'était effondrée, sur le plancher de la salle à manger, à la précipitation contenue, au calme obligé mais tous auraient voulu crier d'épouvante, Toscan, Adem et elle, elle revoyait Toscan prendre le pouls d'Hannah, Adem courir chercher une compresse d'eau froide, et elle qui composait le « 15 » pour le SAMU, Toscan emmêlé avec le fil du téléphone, qui essayait d'expliquer, et finalement l'ambulance qui partait vers l'hôpital Cochin, Hannah et Toscan à bord, pendant que les deux jeunes restaient à la maison, rivés au téléphone alors qu'ils rangeraient tout, feraient la vaisselle, reprendraient un café et Bosnia revoyait les éclats de porcelaine au sol car, en tombant, Hannah avait emporté avec elle sa tasse de tisane. Quand Toscan revint au petit matin, ils apprirent qu'Hannah avait fait une crise d'angine coronaire doublée de tachycardie, « elle s'en sortira, elle dort maintenant, elle doit se reposer beaucoup, a dit le médecin ».

Hannah dormait doucement. Elle resterait encore quelques jours à l'hôpital. C'était le 24 décembre et, selon les vœux d'Hannah, il avait été décidé de tenir le réveillon, malgré son absence. Toscan avait fermé boutique, les plans mis au point en « conseil de famille », comme disait celui-ci, avaient été soumis à Hannah à qui il ne restait plus qu'à acquiescer, et sourire, en disant « mes enfants, amusez-vous comme si j'y étais » – eux plaisantaient, mais ils faisaient semblant, le monde ne tournait plus comme avant. Bosnia passerait donc l'après-midi avec Hannah, pendant que Toscan et Adem feraient les courses et « Stefan-Sophie, le ménage », dixit Toscan. Bosnia revoyait les éclats de porcelaine sur le sol, n'arrêtait pas d'y superposer la scène des éclats d'obus, comme le corps d'Hannah, livide par terre, inlassablement la ramenait aux corps de ses deux amies touchées par les brisures d'obus, alors, pour s'empêcher de sombrer dans les remémorations morbides, elle repassait dans sa tête le menu du réveillon qu'ils avaient concocté la veille avec Hannah pendant que Toscan se trouvait à la boutique, « mes enfants, pour Toscan, vous devez faire tout pareil, je vous explique »: ce serait d'abord le foie gras rituel avec le champagne, suivi des huîtres, « les creuses de Cancale » parce qu'un jour, à Cancale, ils avaient fait l'un des plus beaux voyages de leur vie; après quoi il y aurait un chapon farci aux trois fruits, « les trois fruits, ce sont les pruneaux dénoyautés, les marrons émiettés et les pommes râpées » – elle leur avait expliqué dans les détails comment farcir une bête et la coudre et où trouver l'aiguille et le coton, dans quel tiroir, puis comment la badigeonner, la faire cuire et l'arroser et à quelle température, « un jour vous aurez une famille, il faut savoir cuisiner », s'adressant à Bosnia et Adem qu'elle avait intronisés chefs, « il faudra aussi une petite salade après la volaille, c'est bon pour la santé, les légumes » –, pour les vins et fromages, il avait été entendu que Toscan s'en occuperait et Stefan-Sophie avaient offert d'apporter le dessert, « vous demanderez à Toscan, il vous dira qu'il faut une bûche et laquelle et où il faut la prendre ».

Toscan avait supplié le docteur B., qui s'occupait d'Hannah, de leur laisser organiser un tout petit réveillon pour elle, à l'hôpital, autour de 20 heures, « quelques huîtres seulement, quatre ou cinq, que nous ouvririons à la maison, apporterions toutes fraîches à sa chambre, sur la glace et puis nous boirions un condrieu avec elle, elle adore, pas du champagne, docteur, je suis d'accord, ça excite et encore moins de foie gras, pas cette année en tout cas », le docteur B. avait approuvé, et même l'idée de faire goûter à la malade, dans l'après-midi du 25, une tranche de poitrine de chapon avec un peu de farce, « ça ne pourra que lui faire du bien, mais pas de sauce ni de vin cette fois, vous comprenez ? » et ils s'étaient offert leurs vœux. Dans la soirée, Toscan leur expliquerait ce que signifiait le condrieu pour Hannah et pour lui, c'était là, à Condrieu même, qu'ils étaient allés passer leur lune de miel, en 1958 exactement, après s'être mariés à la mairie du XIVe arrondissement, où Hannah habitait alors, « un mariage républicain », insisterait Toscan, ce fut là, dans cette région de la vallée du Rhône, qu'ils découvrirent le bonheur du vin, firent plusieurs dégustations, goûtèrent « le côte rôtie, le crozes-hermitage, le gigondas, le saint-joseph, le châteauneuf-du-pape et tant d'autres, nous avons dormi à Vienne, puis sous les Dentelles de Montmirail et nous nous sommes rendus jusqu'au mont Ventoux, avons profité de ses vignobles, ah ! mes enfants, ne pas connaître l'amour du vin, c'est ne pas connaître l'amour tout court, l'amour tout grand». Toscan se taisait, rêvant sans doute à ce voyage de noces dans les vignes et, surtout, à Hannah, son amour qu'il ne voulait pas perdre, jamais. Avant d'aller se coucher, il ajouterait juste: «Vous verrez demain, vous savourerez, bonne nuit, mes enfants, fermez bien avant de monter», Bosnia et Adem le verraient regagner la chambre et le lit, où l'odeur d'Hannah lui permettrait de respirer jusqu'au lendemain.

Le docteur B. entra dans la chambre, salua Hannah, l'examina et lui offrit ses vœux de Noël, ce qui la réveilla. «Ah, j'ai somnolé, dit-elle, viens m'embrasser, mon petit, je vais mieux, je vais m'en sortir, tu sais. Le voyage dans l'éternité, c'est pour une autre fois. – Oui, mais si vous voulez prolonger votre séjour temporel, vous devez être sage», dit-il avec un ton mi-autoritaire, mi-affectueux, puis s'approchant de Bosnia et lui donnant la main: «C'est votre fille? – Il lui manque seulement quelques années», répondit Hannah. «Être sage, ça veut dire beaucoup de repos. Un peu de cuisine, des promenades, du piano, mais pas de ménage, ni de courses, vous ne devez plus jamais porter de sacs ou de colis lourds, vous devez avoir de l'aide à la maison et, j'insiste, quelqu'un pour faire vos courses, j'en ai parlé à votre mari» et il continua sur sa lancée, avec douceur et fermeté. «Ah ça, je suis bien d'accord, docteur, mais personne ne m'empêchera d'aller au marché du dimanche, rue Mouffetard. Face à l'église Saint-Médard, derrière les fruits et légumes des Arabes, il y a toujours une chorale, tout le monde chante, les vieux, les jeunes, les moyens et je chante avec eux, c'est accompagné par l'accordéon, c'est beau, je revis chaque fois, dimanche dernier, ils ont chanté, nous avons chanté *La romance de Paris*, *Frou Frou*, *Que reste-t-il de nos amours?* un gros Américain a même chanté un air d'opéra italien, j'ai oublié lequel, c'était très émouvant.» Le docteur B. sourit: «Bien sûr que vous pouvez chanter, mais pas faire les courses, pas tenir de lourds paquets.» Ils bavardèrent encore un peu. Quand il fut parti, Hannah confia à Bosnia que ce «jeune homme» ressemblait beaucoup à son frère aîné, Serge, gazé à Auschwitz, il venait d'avoir vingt-sept ans, avant le carnage, il étudiait la médecine, justement.

«Viens t'asseoir tout près, on va parler», dit-elle à Bosnia. Celle-ci approcha sa chaise, prit la main d'Hannah qu'elle trouva froide, elle plaça ses deux bras sous le drap, surmonta quelque peu la tête du lit, tapota les oreillers, brossa gentiment les cheveux blancs tout bouclés, lui donna un baiser sur le front et, sans l'avoir prémédité, lui demanda si elle croyait possible qu'Adem et elle s'aiment encore quand ils seraient vieux et, surtout, mais cela la gênait un peu, elle s'en excusa, «est-ce qu'on peut jouir encore, je veux dire sexuellement, quand on est vieux?» Hannah sourit et répondit «oui, bien sûr, ma chérie, peut-être moins souvent et moins fougueusement, mais je te dirais que c'est meilleur, plus profond, à la fois plus intense et plus délicat, on sent mieux, tu vois. Je vais te donner l'exemple de la vigne: plus l'âge des vignes est vénérable et plus leur rendement est faible, comme disent les viticulteurs. Mais elles donnent un vin magnifique, d'une profondeur à nulle autre pareille». Elle ajouta: «Chérissez-vous bien, tous les deux, vous êtes épatants, vous le méritez, vous avez beaucoup souffert et vous avez encore mal des anciennes afflictions. Mais vous trouverez les moyens de colmater les brèches, tous les deux, vous avez le don de la guérison.»

Sans vouloir la fatiguer outre mesure, mais sentant aussi le besoin qu'avait Hannah de parler, elle qui n'avait eu ni fille, ni petite-fille, ni même de nièce – sa filleule, qu'elle adorait, avait été emportée à deux ans par la fureur génocidaire nazie –, Bosnia aborda les questions touchant à ce qu'elle appelait la sagesse et la joie d'Hannah: « Ah, sagesse, mon petit, je ne sais pas. Mais la joie, oui, elle vient de l'immense fatigue, de l'épuisement, je te dirais, face à l'inhumanité d'où nous sortions, nous les victimes, après la guerre. C'est plutôt étrange, dit-elle, plutôt difficile à expliquer, mais l'horreur généralisée n'avait pas entamé la beauté du monde. Tu vois, j'étais allée si loin dans la tristesse et si profondément dans le désespoir que, pour vivre, je ne pouvais faire autrement que de me donner un tel élan démesuré que, dès la lumière du haut, j'atteindrais les cimes. Comme si à l'inhumanité dans laquelle avait voulu nous plonger la barbarie nazie devait correspondre une surhumanité, du moins le temps de se remettre à flot, de réapprendre à respirer à l'air libre du dehors. Un jour, un déclic en moi se produisit. Cela s'est passé en pleine Méditerranée, sur le bateau qui nous emmenait, nombreux, en Israël – nous, juifs, survivants, juifs des camps, juifs souvent désespérants. J'étais sur le pont, j'avais trente ans, aucun projet d'avenir, que du passé qui remontait encombrer ce présent incertain, nous voguions le dos au soleil, tous les espoirs étaient là-bas, à l'est, où nos regards sans cesse se lançaient, je ne connaissais personne parmi mes compagnons de voyage, j'étais dans la solitude intégrale de quelqu'un ne pouvant même pas la raconter et, là, je réalisai que tous les êtres que j'avais aimés étaient morts, absolument tous, famille, amis, amours, tous et je me mis à les revoir chacun, les visages, les corps, les gestes, je prononçais le nom de chacun et le nom de chacun était accompagné du clapotis des vagues sur le flanc du bateau, je ne pleurais pas, c'était comme si j'avais officié une solennelle cérémonie pour tout un peuple de morts dont les noms devenaient une scansion sacrée et eux, les êtres en-allés, se laissaient enfin bercer par la musique des flots, c'est là que tout a basculé, comme on dit, jusqu'à plus soif, moi, j'avais souffert jusqu'à plus peine, je me sentais fontaine asséchée que l'on doit remplir sinon la terre meurt tout autour, mais la remplir de quoi, me disais-je, de colère ou de désir de vengeance ? ça, j'avais essayé, ça ne conduisait nulle part, chaque fois je me cognais le crâne contre le mur de la haine, c'était l'impasse, c'eût pu être le désespoir brut, la folie délirante ou le suicide, mais quelque chose m'en empêchait, quoi ? je l'ignore et ce fut en une fraction d'instant où ma propre vie se retourna comme un gant et je fis un choix, seule avec mes morts dont les noms résonnaient parmi les vagues de la Méditerranée, ce fut aussi clair que ce ciel bleu au-dessus de nos têtes, un choix que je n'abandonnerais plus jamais, celui de la joie – ne me demande pas d'où cela me venait.

« Remarque, ma chérie, qu'en accostant en Israël, réfugiée parmi les réfugiés, j'eus recours, comme plusieurs de mes compatriotes, à la psychanalyse – à la joie primesautière, il fallait dans mon cas ajouter des fondations, visiter la maison, du sous-sol aux combles, arpenter le jardin, même détruit, et tout le voisinage. Poursuivre le travail jusqu'aux limites de la terre, tu sais…

« Vois-tu, il n'est pas étonnant que mon peuple, celui de la Shoah, ait engendré l'un des plus grands guérisseurs de tous les temps, as-tu déjà entendu parler de Freud ?

« Mon petit, il faudra bien que les humains comprennent un jour que les peuples, surtout les plus souffrants, doivent enfanter leurs propres guérisseurs, libérés des dieux absolus et tout-puissants, sinon la roue du désastre continuera de tourner.

« Mais au fond, peut-être que le désastre est notre destin terrestre. Si tel est le cas, la joie doit se faire plus vigoureuse encore – et plus belle. Ah ! ma chérie, il faut boire à la beauté, à la vie… »

Hannah fit le geste de lever un verre, Bosnia fit de même. En silence, dans d'invisibles coupes et dans la pénombre d'une chambre d'hôpital où les accompagnaient les claquements des sabots de plastique des infirmiers, elles trinquèrent toutes deux à cette option commune de la réjouissance dont les raisons pourtant leur échappaient.

Puis, Bosnia laissa Hannah se reposer. Dans quelques heures, ils seraient tous autour d'elle, avec les huîtres de Cancale et le condrieu, pour le « petit réveillon ».

Après, ils marcheraient tous ensemble, boulevard du Port-Royal sous les étoiles, vers chez eux et le « grand réveillon » où Hannah allait leur manquer atrocement. Ils regarderaient briller le croissant de lune au-dessus du dôme du Val-de-Grâce et se demanderaient chacun pour soi: « Hannah nous reviendra-t-elle guérie, et quand? »

XXVIII

Après un voyage marqué par les turbulences au-dessus des Alpes et les contrôles suspicieux de la douane, la porte vitrée s'ouvrit et, au beau milieu d'une foule impatiente, Bosnia et Adem aperçurent Milovan, le sourire radieux, mais un peu voûté et amaigri, de grands cernes sous les yeux, comme s'il avait porté sur ses épaules ces derniers mois les affres de l'après-guerre de Bosnie, marquée par la déprime et les privations – il était venu les accueillir à l'aéroport de Ljubljana avec sa vieille bagnole (mais personne, en Bosnie, sauf les militaires de la SFOR et les humanitaires des ONG internationales, n'avait de voiture décente, à part quelques rares débrouillards chanceux), il avait traversé la Croatie en s'arrêtant chez un vieux copain du temps du service militaire quand ils avaient vingt ans, à l'époque de la Yougoslavie unie, pour constater que la misère morale, politique et économique des Croates n'était pas plus enviable que la leur, mais Milovan avait été heureux de reparler le serbo-croate de sa jeunesse, de discuter de tout et de rien comme ils aimaient tant le faire autrefois, avant que la folie ethnico-religieuse s'empare de quelques hommes de pouvoir, attise des haines ancestrales et devienne une pandémie balkanique.

Ils se précipitèrent dans les bras les uns des autres, Milovan n'arrêtant pas de dire « content de vous revoir, mes enfants », Adem, muet, caressant leurs têtes à tous les deux, et Bosnia, submergée par le flot de larmes qu'elle tentait maladroitement de dissimuler.

« On reprend la route pour Sarajevo demain, les enfants. Ce soir, on se repose. J'ai déniché une formidable auberge dans un petit village pas loin, j'ai réservé deux chambres. Ce soir on mange là, on se prend un bon vin et on cause. » Bosnia et Adem ne demandaient pas mieux, ils avaient tant de choses à raconter tous les trois, par quoi commencer ? la guerre semblait loin derrière eux, déjà tant de remémorations, comme un même cauchemar qu'ils auraient fait à trois, dont ils seraient sortis avec les mêmes blessures, les mêmes morts partagées, les mêmes tentatives d'oubli auquel ils parvenaient de temps en temps, les mêmes besoins de raconter quand ils se retrouvaient « entre eux », comme disaient tous les rescapés, et, « entre eux trois », c'était la première fois qu'ils se trouvaient là, dans cet espace en quelque sorte flou, indéfini où l'allusif déclenche d'interminables récits, où l'évocation est maîtresse, un seul mot parfois et l'épopée dont ils sont les héros s'engage, leurs morts à eux les rejoignent dans la chronique cent fois répétée, leurs morts deviennent entre eux seuls ces personnages vivants remontés du fond des ténèbres, toujours là avec leurs paroles, leurs frayeurs, leurs chants et tous ceux-là qui n'ont pas été embarqués avec eux sur cette nef guerrière qui a vogué sur des flots de sang et sous la foudre du ciel seront, à jamais, quoi qu'ils pensent ou fassent, des étrangers. C'est pourquoi quand ils se retrouvent *entre eux*, rapatriés ou bien au loin sur des sols inconnus, ils redeviennent, grâce à cette magie du partage de mêmes événements promus au rang d'aventure exemplaire par la même misère, où qu'ils soient, ici ou ailleurs, les complices d'un espace citoyen commun – et les autres, tous les autres, qu'ils soient nés là ou ailleurs, sont alors des étrangers, à moins que ces autres, tels Hannah et Toscan, lors de la guerre 1939-1945, aient vécu dans leur chair une semblable épouvante.

D'Hannah et de Toscan, ils parlèrent d'abord, Bosnia et Adem étaient intarissables, combien d'amour, combien de bonté, quelle chance était la leur, ils étaient traités comme les enfants de la maison, ils voyaient bien la pauvreté, l'isolement des autres réfugiés bosniaques qu'ils fréquentaient en France, le même abandon aurait pu être leur, la même désespérance, leur échoir – et à Milovan ils pouvaient confier cette espèce de culpabilité qu'ils éprouvaient parfois de s'en être à ce point sortis « comme des privilégiés » et puis ils racontèrent en vrac leur séjour à Lyon, la rencontre de Sophie – ses malheurs –, celle de Stefan qui les aidait pour des boulots de traduction, les études, ah ! quel copain, Stefan, « je l'ai retrouvé tel qu'en lui-même il était (tu sais, Milovan, qu'il a perdu son amoureux croate pendant la guerre, torturé et assassiné ?) » et Milovan, au volant, filait sur la petite route de campagne avec la joie de celui qui a retrouvé ses enfants. Ils racontèrent la crise d'angine d'Hannah, le petit réveillon à l'hôpital (les « soins impeccables dans les hôpitaux français »), le grand réveillon, les amis, le menu, les vins, l'extraordinaire amour d'Hannah et de Toscan, l'un pour l'autre et pour eux. « Ah, mes enfants, c'est ce qui pouvait vous arriver de mieux ! Toscan me fut toujours si proche, Hannah, je la connais peu, tant mieux, tant mieux, mes petits, ne soyez pas coupables de votre bonheur présent. Quand la vie est enfin juste, il faut la remercier, la saluer bien bas » et Milovan se mit à fredonner des airs qui lui rappelaient de vagues souvenirs, de lointains souvenirs d'enfance que la guerre avait étouffés parmi tant d'êtres et de choses en-allés à tout jamais.

« À tout jamais », dit, tout-haut-tout-seul, Adem et tous savaient pourquoi il avait dit ça. Comme tous savaient que le sujet brûlant, Mumo, n'avait pas encore été abordé – voilà pourquoi Mamouni était aussi malheureuse («heureusement qu'elle a son amie avec elle!») et pourquoi Milovan était si inquiet, ainsi qu'ils l'apprendraient ce soir-là, au dîner, «ah la folie, ça fait peur autant que la guerre, peut-être plus», leur dirait Milovan en les embrassant à la porte de leur chambre quand ils se sépareraient pour la nuit.

Et sur la route lisse de Slovénie, à travers cette plaine offrant ses champs cultivés à la perfection, comme dessinés au pinceau, entrant dans des villages proprets, les maisons et les fermes aussi rangées que l'intérieur des chaumières, chaque bourg avec sa petite église de pierre, en apparence protectrice, comme dans les romans dont le destin est de bien finir, Bosnia, qui avait voulu s'asseoir derrière pour «mieux penser, tout en les écoutant d'une oreille attentive», se demandait pourquoi la Slovénie avait échappé au carnage et, sage, avait pu déclarer son indépendance, sans violence et sans rétorsion aucune du pouvoir central belgradois, dès le début des remous de la Yougoslavie, en 1991, «est-ce que les catholiques dérangeaient moins les orthodoxes serbes que les musulmans de Bosnie ou du Kosovo?», sans doute, se dit-elle, après tout, ils sont tous chrétiens – et elle se demanda, avant de sommeiller, bercée par la conversation de ces deux-là qu'elle aimait tant, jetant des coups d'œil ravis au paisible paysage: «Bon Dieu, pourquoi les Ottomans sont-ils venus un jour jusque dans les Balkans?»

L'auberge était un rêve d'ordre et de beauté et leur chambre, un luxe, mais sobre, auquel ils n'étaient pas habitués – ils avaient pour eux une immense salle de bains ultramoderne, un lit plus grand que ce qu'ils avaient vu jusque-là, un divan, deux fauteuils et une cheminée de briques à l'âtre vaste dont ils ne pourraient malheureusement se servir –, mais ils pouvaient au moins rêver d'y rester des semaines, d'autant plus qu'une table de travail, face à la fenêtre qui s'ouvrait sur un boisé de feuillus bien taillés, donnait à Bosnia, pour la première fois de sa vie, le désir d'y écrire sa vie. Ce fut ce qu'elle dit à Adem qui la prit dans ses bras – avant leur rendez-vous pour dîner à la salle à manger invitante vue en passant –, ils ne purent desserrer leur étreinte, roulèrent sur le lit et firent l'amour comme jamais, depuis cette fois à Marseille, dans une calanque, où l'écume saline les avait projetés aussi loin que là où emportent les échos caressants du mistral là-haut.

Ils allèrent frapper à la porte de Milovan à l'heure convenue, les bras chargés de cadeaux offerts par Hannah et Toscan (ils en auraient aussi pour Mamouni, et même pour Mumo) : foie gras, rillettes de canard, saumon fumé, chocolats – et, surprise, un lingot d'or, offert par Toscan, que Bosnia avait dissimulé dans son sac à dos, enroulé dans un vieux chandail, c'était moins risqué avec elle, pour les fouilles, les jeunes hommes étant a priori suspects. Ils prirent l'apéro à la chambre, c'était un champagne apporté par les jeunes avec quatre autres bouteilles de vins du Rhône que Toscan avait sortis de sa cave, les bouteilles passèrent aux douanes comme par enchantement, ils avaient eu la chance de tomber sur un amateur. Ils bavardèrent et rigolèrent, l'effet des bulles les conduisant dans de douces sphères d'ivresse qu'ils aimaient tous trois atteindre à l'occasion. Les choses sérieuses avaient tout le temps d'apparaître, c'était comme si, d'un accord tacite, ils en différaient le moment.

Celui-ci vint au dîner. Le portrait que fit Milovan de Mumo fut plutôt catastrophique. Il n'avait d'autre mot à la bouche que « folie » pour décrire ce « jeune homme que plus personne ne comprend », même sa mère qui ne reconnaissait plus ce fils dans sa haine intégrale devenue. « Heureusement qu'elle a, à ses côtés, son amie Liliana. Si elle était seule, je crois que tu l'aurais retrouvée à l'asile, ma pauvre petite chérie. Il est même devenu violent avec elle, parce qu'elle refuse de porter le voile et parce qu'elle ne va à peu près plus à la mosquée. Puis il est devenu violent avec Liliana, parce qu'elle est orthodoxe et chrétienne et "mécréante". Il ne les a pas frappées, mais elles ont eu très peur, il a proféré des menaces, ta mère m'a appelé après son départ, elle était toute remuée, pleurait. Je suis allé les voir sur-le-champ, elle m'a demandé d'intervenir. J'ai rencontré ton frère, chez lui, en banlieue de Sarajevo, il vit dans un appartement délabré avec quelques "Arabes" rencontrés en Arabie Saoudite, ils parlent de djihad, ils ont des armes, s'entraînent comme ils peuvent en Bosnie, craignant les soldats de la SFOR, ils m'ont raconté tout ça parce que j'étais commandant de la caserne pendant la guerre, ils me voulaient avec eux. J'ai assisté, impuissant, aux discours de ces jeunes guerriers, ils veulent la guerre sainte, veulent éradiquer de cette terre les mécréants, chrétiens et juifs, ils ont eu le cerveau lavé dans leur école coranique et leur camp de guerre d'Arabie, ils ont la haine aux lèvres et la haine dans leur cœur, ils méprisent les femmes, sont pour leur soumission absolue, "toutes voilées", disent-ils, et "toutes lapidées quand elles le méritent".

« J'ai su que Mumo avait été atrocement torturé par les Tchetniks au cours de ses longs mois de prison, j'ai cru comprendre entre les lignes qu'il avait été violé à plusieurs reprises – peut-être mutilé ; en réfléchissant bien, ces dernières semaines, j'ai cru saisir que les bourreaux lui avaient inoculé la haine et la mort là où normalement le corps doit jouir, mes enfants, je vous dis peut-être malhabilement ce que je crois comprendre. Et quand j'ai essayé de lui parler à lui tout seul, un jour que je l'ai fait venir chez moi, il s'est mis à faire des tas de discours dont le sens m'échappait, c'est ce qu'on appelle du délire, je crois, j'en ai parlé à un ami médecin, c'était affolant de l'entendre, je le trouvais dangereux, je ne savais trop pourquoi, je lui ai demandé seulement de ne plus revoir sa mère, il a au moins acquiescé à ça. Ta maman a d'abord été dévastée, et puis elle s'est ressaisie, avec l'aide de Liliana, et la mienne, je dois dire, elle a finalement accepté son impuissance, ne veut plus pour l'instant revoir son fils, comme si, à chaque visite, la blessure au cœur s'agrandissait. Ma petite Bosnia, si quelqu'un peut infléchir le cours des choses, c'est toi, vous étiez si proches l'un de l'autre, "comme des jumeaux", a dit ta maman, tu dois le voir absolument… »

Ils parlèrent encore longuement, Bosnia avait mangé du bout de la fourchette, mais bu un peu trop pour ce qu'elle avait absorbé de solide, elle eut froid comme chaque fois qu'une épreuve lui tombait dessus, se sentit étourdie, eut le temps de dire, avant qu'Adem la prenne par les épaules et la soutienne jusqu'en haut de l'escalier : « Dites-moi, les hommes, pourquoi ces délires et ces folies arrivent-ils toujours aux garçons ? »

XXIX

La descente à Sarajevo fut morose pour Bosnia, qui avait préféré encore une fois s'asseoir seule à l'arrière, regarder défiler le paysage sombre enveloppé dans un épais brouillard d'hiver et puis elle avait le vague à l'âme, ça lui faisait un petit baume d'entendre les deux compères bavarder de choses et d'autres, ce matin-là, ils discouraient de politique, chacun exposait sa vision des choses, mais ils s'entendaient au moins sur un constat, la Bosnie-Herzégovine, ayant accouché de la paix sous les forceps de la communauté internationale, faisait une dépression post-partum, Milovan et Adem ne reconnaissaient pas ce rejeton ténébreux, cause de désenchantement, un enfant tragique somme toute dont ils ne savaient plus comment s'occuper, qu'ils ne comprenaient pas – autant la guerre leur avait prodigué depuis toujours un vocabulaire d'une richesse inouïe, autant là, dans cet état accablant, les mots leur manquaient. Entre deux raisonnements, Bosnia somnolait et, dès l'entrée en Bosnie, elle se trouva en accord parfait avec le décor, l'état de dévastation des lieux, bâtiments et cultures, était visible à l'œil nu, elle se sentait ce jour-là aussi démunie que ce coin perdu du monde et, pendant que les camions militaires de la SFOR patinaient, envasés sur les routes cabossées, elle pensait « si je ne connaissais pas le bonheur, je serais malheureuse », mais dans son cœur habité, au côté de Mumo qu'elle perdrait sans doute, se tenaient Adem, Mamouni, Milovan, Hannah, Toscan, Stefan et Sophie, elle comptait sur ses doigts et, finalement, s'endormit pour de bon au moment où tous ces visages défilant sur l'écran de ses paupières fermées se transformaient en autant de petites étoiles éclairant une nuit si noire que, sans elles, elle s'y fût perdue.

Bosnia voulait voir Mamouni le plus tôt possible et Mumo, seulement après. Elle s'était réveillée avec cette pensée claire, ne savait pas d'où elle venait, mais enfin, elle la communiqua à Milovan, Adem, lui, s'était endormi. « Bien sûr, ma fille, nous irons d'abord déposer les bagages chez moi, puis casser une petite croûte, j'ai ce qu'il faut à la maison », de plus, il avait « quelques affaires à régler » à la bijouterie, et « planquer le lingot, ah ! ce Toscan, il a toujours eu la bosse des finances, il faudra bien que je me décide à retourner le voir en France, tu sais, je suis plutôt casanier, je ne suis pas souvent sorti des Balkans ; l'été, j'ai la pêche, l'automne, la chasse, sais-tu, ma fille (Bosnia adorait quand il l'appelait ainsi), l'une des choses qui m'ait le plus désolé de la guerre ? C'est quand je suis retourné dans le bois voir mon camp de chasse : tout avait été détruit, la cabane, les arbres autour, ma barque, mon ponton sur le lac, tout ; ni moteur pour la barque, ni cannes à pêche, ni collets à lièvre, rien, il ne restait même plus d'oiseaux, tu vois, Bosnia, on oublie toujours que la guerre détruit aussi les campagnes, à la télévision, on ne voit que les images des villes dévastées, mais la guerre détruit les maisons de campagne, les arbres, les fruits, les fleurs et les oiseaux, ça, on ne le dit jamais. Tu sais ce que j'ai fait quand j'ai vu cet amas de débris à la place de mon "château en forêt", comme je l'appelais ? Eh bien, j'ai reconstruit ! », et Milovan se mit à siffler un air que Bosnia ne connaissait pas. Elle s'était réveillée avec un second flash : « Milovan, j'ai réfléchi, avant de devenir médecin des esprits, je pense que je vais étudier la philosophie, je veux connaître les fondements de l'être, tu comprends ? » Il continua de siffler, alors que, en douce, la route défilait dans le brouillard, Sarajevo n'était plus très loin. « Comme disait l'autre, ma chère enfant, tu as la vie devant toi. »

Bosnia avait parlé à sa mère au téléphone, de sorte que, lorsqu'ils arrivèrent à l'immeuble, elle était à sa fenêtre du cinquième étage, faisant de grands signes avec un morceau de tissu, sans doute un linge à vaisselle, elle ressemblait à une héroïne mythique à la proue d'un bateau qui aurait annoncé au peuple de la mer l'issue d'une traversée heureuse, sans voir d'en bas son visage, Bosnia savait par ce geste la joie de sa Mamouni – cela lui rappela la visite si triste, il y avait peu de mois de cela, mais on aurait dit un siècle, quand elle avait entendu seulement le grand silence de la salle froide où se tenait, immobile sur une chaise face à la fenêtre de l'asile, sa mère qu'on croyait folle et qui ne l'était plus. Ils grimpèrent l'escalier quatre à quatre et, là-haut, sa mère déjà sur le seuil avec les bras grands ouverts, comme des ailes, qui se refermèrent sur son enfant revenue, sa fille dont elle s'était tant ennuyée, mais sans le dire, c'était le soir, avant de s'endormir, qu'elle parlait en secret à Sabaheta, ou parfois la nuit entre deux rêves, c'était dans l'obscurité qu'elle lui racontait les joies, les peines de sa journée, et même, qu'elle lui confiait ses soucis, parce que son cœur, après le départ de sa fille, avait creusé une zone obscure en elle, forgée avec l'enclume de l'abandon. Et aussi parce que son départ ailleurs-très-loin avait promu son enfant au rang de femme à qui on peut révéler un tas de choses que l'on dissimule à tous, même à son amie Liliana et même à soi – comme autrefois quand elle priait Dieu.

Sans mots, sans larmes, pendant une éternité d'un temps enfin retrouvé, elles se tinrent dans les bras l'une de l'autre.

Adem et Milovan entraient doucement dans l'appartement, Milovan faisait les présentations et Liliana préparait le café. Et puis la mère dit : « On ne peut pas pleurer tout le temps. Entre, ma chérie, on va prendre un café. »

(« On ne peut pas pleurer tout le temps ! » Bosnia comprenait ce qu'il y avait derrière ces mots, ce qu'elles avaient traversé et qui se trouvait là, entre elles, maintenant que la guerre était finie : le père mort en forêt, la maison pillée, puis incendiée avec les dépendances, les animaux et si l'on nommait une seule de ces disparitions, tout repartirait, les digues sauteraient de nouveau, tout serait inondé par les larmes, elles-mêmes et les amis présents, l'appartement et l'immeuble, même Sarajevo, même la Bosnie. Maintenant qu'on avait connu le feu de la guerre, on ne voulait plus risquer l'inondation...)

Non, on ne peut pas pleurer tout le temps, et Bosnia s'en vint près d'Adem, elle savait aussi son deuil à lui, mais ils étaient tous dans la même tragédie, Liliana qui avait dû connaître son lot, puis Milovan, enfin eux tous autour du délicieux café et des petits gâteaux. Ils les savourèrent, offrirent les cadeaux de France, rirent et racontèrent des histoires jusqu'à ce que l'ombre de Mumo plonge au centre, ils n'avaient plus le choix, il fallait aborder le sujet.

Au fond, c'était simple, ils s'accordaient, la mère, Liliana et Milovan, pour dire que Mumo était fou – et dangereux – et que Bosnia, avec Adem peut-être, ils étaient jeunes comme lui, devait le voir, tenter de le faire revenir à la raison, mais ils en doutaient, enfin, on ne perdait rien à essayer. Mamouni raconta son chagrin, au début, et puis, après, la colère, ah ! oui, elle lui en avait voulu d'être devenu ce guerrier violent et cet amas de haine, parfois, elle lui en voulait encore, certains jours, le chagrin refaisait surface, mais le plus souvent, grâce à Liliana, grâce à la force de la vie tout simplement, elle demeurait quasi indifférente, la guerre n'avait pas eu raison d'elle – quoique la raison se fût enfuie le temps d'une saison, elle n'avait jamais compris comment c'était venu ni comment c'était parti –, la guerre l'avait laissée vivante, et somme toute vigoureuse, son propre fils ne l'aurait pas, inch'Allah ! Ce devait être difficile pour une mère aimante d'en venir là – peut-on imaginer le désaveu de son propre fils ? non, on ne peut tout simplement pas, cela n'est pas dans l'inscription normale des choses, comme si un immense désert sans oasis s'était dessiné tout seul au milieu d'un jardin luxuriant, cela ne se peut pas –, voilà ce que se dirent ensuite Bosnia et Adem dans leur chambre sur front de jardin d'hiver, chez Milovan. Et Bosnia pensait que sa Mamouni, confrontée à une douleur de trop, celle de la dérive de son fils Mumo, était devenue comme cette Mamma Roma du film de Pasolini qu'elle avait vu un après-midi avec Hannah, cette mère en apparence normale qui, du fond de son désert de maternité, se tiendrait abasourdie face à la table exhibée où se retrouvait, les bras en croix, son fils délinquant et fou, mort en prison.

(Hannah lui avait expliqué que chacune des religions monothéistes avait glorifié des fils sacrifiés : la juive, avec Isaac, la chrétienne, avec nul autre que le Dieu fait homme, Jésus-Christ, et la musulmane, avec le martyr, fils de Mahomet, reproduit en kamikazes à l'infini.)

Cette nuit-là, Bosnia et Adem dormirent à peine, ils parlèrent et discutèrent, avaient terriblement besoin d'analyser les choses tant celles-ci se révélaient complexes, les choses, mais surtout les êtres, et la nuit suivante fut marquée par leur rencontre de Mumo avec qui ils avaient passé une bonne partie de l'après-midi, dans sa banlieue sale et dans son appartement sinistre qu'il s'apprêtait d'ailleurs à quitter – les soldats de la

SFOR faisaient des rondes tout autour, ce pays était devenu hostile, il s'en allait ailleurs avec ses copains (absents lors de la visite de Bosnia et d'Adem), il en avait ras-le-bol de ce « trou du monde », il partait ailleurs, où, il ne le disait pas, « basta, on s'en va, font chier les internationaux et les moutons, je les emmerde, mais, à notre heure, on reviendra, *yes man* ! ».

Mumo était devenu une carapace blindée, Bosnia n'en revenait pas – comment un humain peut-il changer autant en aussi peu de temps ? Elle essaya de l'amadouer, parla de son enfance, de sa douceur à lui, de sa bonté de petit garçon, elle lui parla de son père Ismet et de sa mort digne dans le maquis des hauteurs bosniaques, Adem raconta son séjour à la caserne, Milovan et leurs combats, son mariage et son amour pour sa sœur Bosnia, mais rien n'y fit, Mumo se trouvait sur une autre planète, avec sa barbe, ses cheveux longs et ses yeux qu'on aurait dits injectés de sang, il ressemblait à ces personnages de films hollywoodiens de science-fiction, guerrier tout à sa croisade, enragé, inatteignable.

Mais quand il prit la parole, d'un ton d'acier que Bosnia ne reconnaissait pas, ce fut pour ordonner à sa sœur de porter le voile et pour déclarer que lors de ses quatorze ans sa famille avait été déshonorée par elle et qu'on aurait dû la lapider. Et ce fut trop ! Bosnia n'avait plus rien à dire, le deuil de son frère, elle le faisait enfin là, en cet instant précis, tout sec, tout froid – et d'ailleurs, elle avait froid. Quant à Adem, sentant remonter en lui cette colère et ce désir de tuer qu'il avait déjà éprouvés avec ces salauds qui avaient violé et assassiné les siens, il ne dit que « pauvre type ! », prit Bosnia par la main, puis ajouta « on s'en va ». Mumo se mit à délirer, mais eux, déjà, ne l'entendaient plus. Ils étaient tout à eux-mêmes, tentant en silence de recoudre les cicatrices que ce timbré avait rouvertes. Jusque dans la rue, ils ne parlèrent pas. Puis là, se mirent à courir comme quand ils étaient petits. Plusieurs rues plus loin, ils s'embrassèrent, Bosnia n'arrêtait pas de voir le regard halluciné de son frère, elle ne pleurait pas : « Tu es vaillante, mon amour. » Ils entrèrent dans un café, Adem dit : « Au moins, on est libérés, il s'en va. »

Cette nuit-là, ils allèrent au salon parler et Milovan les rejoignit – au fond, c'était ce qu'ils avaient espéré. Milovan leur offrit un café et un alcool de cerises qu'ils burent à petites lampées en grillant une cigarette. Ils décidèrent alors de ne pas faire les cérémonies funéraires projetées pour les dépouilles de la famille d'Adem qu'ils désiraient rapatrier, pour le père de Bosnia aussi – ils avaient rêvé de les placer tous dans le même carré, aux côtés d'Adila et de Marina, là où la guerre avait façonné, pas loin de l'ancien immeuble de Bosnia, un cimetière devenu jardin ; non, c'en était assez, ils reviendraient l'été prochain, s'occuperaient de Mamouni et de ces rituels importants, ils reviendraient deux mois, peut-être trois, seraient guides-interprètes dans les ruines de Sarajevo. Milovan leur raconta des tas d'anecdotes sur sa journée et, aux petites heures, avant d'aller dormir, leur dit : « Les enfants, il vous reste une semaine. Si on s'amusait tous ces jours-là ? »

XXX

Le voyage de retour devait être bref, mais, à l'escale de Francfort, il y eut un problème de liaison de vols, Bosnia et Adem eurent donc à passer des heures à l'aérogare, ce qui leur permit de parler sans interruption tout à leur aise tant ils étaient submergés par les pensées et les images du séjour et même par les plans d'avenir. Ils retourneraient tout l'été à Sarajevo, leur boulot « d'interprètes des ruines », comme Milovan disait, était assuré, et puis ils avaient le désir de revoir leur ville, et Mamouni et Liliana, ce serait un plaisir d'habiter encore avec Milovan – « quel chic type ! » – d'autant plus que celui-ci voulait les emmener cette fois dans son « château en forêt », pour pêcher sur le lac dans une barque toute neuve, voir repousser les arbres, assister au retour des oiseaux – d'où viendraient-ils, les oiseaux nouveaux ? Y aurait-il d'inhabituelles espèces, des spécimens jamais vus, chanteraient-ils autrement ? D'où venaient les oiseaux après les guerres ? –, vraiment, ils se faisaient une fête de revoir ce pays de montagnes et d'y bivouaquer, puis ils demanderaient l'aide des soldats de la SFOR pour ramener les dépouilles des leurs abandonnées dans des terres qui avaient vu couler sang et sueurs, sols souillés, piétinés par les assassins, ils les ramèneraient et leur donneraient une inhumation décente aux côtés d'Adila et de Marina, avec une cérémonie, des chants, des textes qu'ils avaient déjà imaginés.

Pendant leurs conversations animées, Bosnia avait une autre disquette qui tournait dans sa tête, c'était l'histoire de Mumo qui ne l'avait plus quittée depuis l'ultime rencontre, elle n'en parlait à personne, ne rêvait même plus, pouvait à peine lire (ces jours-ci, elle était dans *L'œuvre au noir* de Yourcenar, qui l'avait passionnée au début, mais, depuis Mumo, elle ne parvenait plus à suivre, tombait dans la lune, revenait sans cesse à son drame à elle), en fait, elle ressassait le même scénario qu'elle recommençait, impuissante et qu'elle abandonnait irrésolu, flottant dans l'air sans queue ni tête, fils suspendus s'entremêlant à toutes ses pensées qu'elle gardait pour elle. Elle était ailleurs. Ailleurs dans sa tête où ce qu'elle aurait dû dire à Mumo s'articulait enfin, où elle sortait triomphante d'un débat dans lequel les vérités qu'elle énonçait auraient ébloui son frère, l'auraient ramené à la raison, mais elle n'avait rien dit, et ça repartait, le discours intérieur à nouveau se débobinait. À une question d'Adem qui s'inquiétait de son absence – ils étaient attablés à l'une des cantines de l'aéroport –, sans préavis, elle se délia enfin, comme si elle n'avait attendu que cette demande :

« Quand il était là, Mumo, avec ses yeux méchants, ses cheveux et sa barbe sales et quand il m'a ordonné de porter le voile, qu'il m'a accusée d'adultère et a parlé de lapidation, je sais maintenant ce que j'aurais dû lui dire et je n'ai pas parlé. »

Elle vit qu'Adem l'écoutait attentivement et poursuivit :

« J'aurais dû lui lancer en plein visage, sans gros mots, mais fermement, qu'on ne punit pas les victimes de viol ; les victimes de viol, surtout si elles sont petites, on les console et les protège, on redouble d'amour à leur endroit comme maman avait fait quand elle m'avait bercée, avait pleuré avec moi et enduit tout mon corps d'un baume apaisant, lui dire qu'on doit s'en prendre aux violeurs d'enfants, de femmes et même d'hommes, et que nous pourrions, nous, le réconforter s'il désirait nous confier ce que les Tchetniks avaient fait à son corps, le prendre dans nos bras s'il voulait cesser de se fermer comme une huître et de jouer au *moutawaa** avec sa sœur qui est une personne autonome et n'a aucun ordre à recevoir de lui, que j'ai mon éthique à moi et que je ne contrains pas les autres avec mes propres *desiderata* et fantasmes sexuels, lui dire qu'un peuple qui laisse impunis ses violeurs est un peuple qui creuse à même sa propre terre une immense tombe dans laquelle pourrira sa culture et je l'aurais informé, au cas où cette nouvelle ne serait pas parvenue à son pauvre cerveau lessivé, que le viol de guerre est déjà considéré comme un crime par le droit international, qu'un jour tous les viols, en temps de guerre ou en temps de paix, seront jugés à titre de crimes contre l'humanité.

« Et là, s'il n'avait pas été ébranlé et s'il avait persisté dans son mutisme enragé…

« J'aurais enchaîné sur l'histoire du voile – tu vois, Adem, en français, le voile, c'est viol à l'envers –, je lui aurais démontré par *a* + *b* qu'ils se fourvoient complètement, lui et ses semblables, avec cette exigence à l'endroit des femmes, que si les femmes doivent à leurs yeux dissimuler cheveux et têtes parce que cette partie du corps représente le sexe, pourquoi, eux, nous en mettent-ils plein la vue, de sexe, avec leur tignasse et leurs poils au visage exhibés grands comme ça ? et je lui aurais dit qu'au fond ils sont des obsédés sexuels, maniaques et pervers et que cela me rend bien triste, mais en colère aussi, de voir le frère que j'ai tant aimé perdu dans cette confrérie sectaire… »

* Agent chargé par le pouvoir religieux de faire « respecter la vertu et interdire le vice », en Arabie Saoudite.

Bosnia s'arrêta, les joues en feu, leur vol avait été appelé, Adem la prit dans ses bras, « je t'aime, ma chérie, tu as bien fait de me parler, j'aurais été tout à fait d'accord avec toi, essaie de ne pas y penser tout le temps ». Et Bosnia, soulagée tout de même : « Pourquoi c'est toujours après coup que je trouve ce que j'aurais dû dire quand m'arrive quelque chose de pénible ? » Ils se mirent à courir, courir jusqu'à la barrière, il restait peu de temps avant la fermeture et, dans l'avion, bien installés sur leur siège, ils pouffèrent de rire, ne sachant trop pourquoi, mais ce qu'ils savaient par contre, c'était qu'ils aimaient les voyages et qu'ils étaient contents de retrouver la France. Leur conversation reprit au rythme habituel – autant ils pouvaient passer de longs moments de silence ensemble, autant les paroles entre eux semblaient remonter d'un insondable puits, tant et si bien qu'une vie entière ne parviendrait pas à le tarir. « Ma chérie, je ne t'en ai pas parlé encore, j'attendais le moment, je mijote un projet pour nous deux, mais c'est tout frais, je ne sais pas s'il tiendra la route, enfin, c'est une espèce de rêve, pour que je le poursuive, il faudrait que tu sois dedans avec moi. À la fac de droit, dans l'un de mes cours libres, j'ai rencontré une professeure fascinante d'intelligence et d'amabilité, elle est spécialiste du droit international, nous avons souvent discuté, elle et moi, elle connaît sur le bout des doigts l'histoire de l'ex-Yougoslavie et la situation d'ensemble de la Bosnie-Herzégovine, ce fut "son terrain", comme elle dit, je te la présenterai un jour, elle s'appelle Louise H., elle est juge aussi, elle m'accepterait dans son équipe, comme l'un de ses assistants, mais, voilà, il nous faudrait partir, elle retourne dans son pays à la fin de cette session académique, mais c'est très loin, son pays, c'est au Canada, et l'hiver, il fait si froid là-bas.

« Je pourrais m'inscrire en droit international à l'Université du Québec à Montréal, à la faculté de science politique et de droit – excellente, selon Louise H. – avec ce que Milovan nous offre pour les frais de scolarité et les frais de subsistance, je crois que nous y serions très bien, mais c'est loin, le Canada – c'est même au Québec, connais-tu ? Qu'est-ce que tu penses de tout ça ? »

Bosnia n'opposa aucune résistance à ce projet et le dialogue se poursuivit. Bosnia avait déjà rêvé du Canada, des Inuits et des Innus, des Mohawks et des Hurons, des grands espaces, des banquises et des déserts de neige dans lesquels seul le sang des animaux tués pour survivre est visible parfois, elle avait souvent rêvé aux millions de lacs et à la forêt boréale où, forcément, quand on y vit, on n'a pas le temps de penser à la guerre, ni même le désir, parce que ces paysages-là vous obligent chaque jour à envisager la fin du monde, elle avait souvent imaginé qu'un jour elle désirerait mettre un océan entre le vieux monde des guerres et le nouveau qui s'était depuis longtemps lavé des atrocités meurtrières – depuis, en fait, la tuerie des premiers peuples amérindiens dont tous étaient coupables encore, c'est ce qu'elle supposait –, « le Canada, oui, mais le Québec, c'est où ? ». Adem éclata de rire, il n'y avait pas longtemps qu'il connaissait un peu ce pays, grâce à Louise H. et, amusé des fantaisies de Bosnia qui correspondaient à la vision idyllique partagée par des millions d'humains, il n'en était pas moins ravi qu'elle soit ouverte à ce projet caressé en silence depuis peu, ils auraient bien le temps de s'initier à ce pays et puis Bosnia, c'est bien sûr, pourrait y étudier la philosophie, et la médecine des esprits, il devait bien y en avoir au Québec, des philosophes et des psychanalystes – Hannah avait d'ailleurs parlé d'une amie, psychanalyste québécoise, qu'elle pourrait lui présenter –, en attendant, Louise H. lui avait parlé d'une excellente Librairie du Québec où ils pourraient se documenter – Bosnia y découvrirait aussi des dizaines d'écrivains –, ce n'était pas loin de chez eux, rue Gay Lussac, à Paris.

Adem raconta le peu qu'il savait de ce pays que des Français vinrent coloniser au XVIIe siècle et qui s'appelait alors Nouvelle-France, ces terres, ces eaux s'étendaient loin, jusqu'au Mississippi et jusqu'en Louisiane, jusqu'à ce que les peuples anglophones des treize colonies du sud venus de Grande-Bretagne (ceux qu'on appelle aujourd'hui Américains) conquièrent toutes ces terres, des Grands Lacs au golfe du Mexique et les intègrent à ce qui allait devenir l'un des empires de l'histoire.

Les relations entre les colons français et les autochtones (que les premiers explorateurs ont nommés Amérindiens parce qu'ils avaient cru aborder au royaume des Indes) furent plutôt de bonne entente – il y eut même pas mal de métissage – jusqu'à l'arrivée en force des armées de l'Empire britannique qui ne réussirent pas à vaincre les indépendantistes des États-Unis en voie d'établir leur république, mais qui imposèrent leur loi plus au nord et conquirent la Nouvelle-France en faisant plier les armées du roi de France. « Tu vois, Bosnia, après la Conquête, en 1763, il y eut parfois des velléités de révolte chez les Français du pays appelé Canada depuis la Confédération et qui regroupe dix provinces, dont le Québec, il y eut même, juste avant, une déportation massive de ceux qu'on appelle les Acadiens, c'était en 1755, mais les fils et filles des déportés sont revenus ; comme les Québécois, ils forment un peuple, on ira les voir en Acadie, ça se trouve dans les provinces maritimes, sur la côte atlantique. En plus des dix provinces, pour la très grande majorité anglophones, il y a les territoires inuits du Grand Nord, fabuleux et mythiques, le Nunavut et le Nunavik… – Ah, ce que j'aimerais y aller ! dit Bosnia. – Oui, nous irons, nous partirons vers ces pays sans frontières où les peuples ont pu vivre le pays rêvé et le rêve de pays, dans leur langue et dans leur religion chacun et sans guerre depuis plusieurs siècles, peux-tu seulement l'imaginer, Bosnia ? »

Alors, ils parlèrent d'Hannah et de Toscan, de l'amour inconditionnel qu'ils éprouvaient pour eux – comme un sentiment filial de dévotion et de reconnaissance –, mais, en même temps, se dirent qu'ils ne voulaient pas abuser, sachant maintenant Hannah fragile et qu'une gouvernante viendrait désormais loger avec eux pour aider – c'était ce que Toscan leur avait confié lorsqu'il était venu les reconduire à l'aéroport –, ils avaient convenu, tous deux, de les entretenir au retour de leur désir d'emménager chez Stefan qui louait un spacieux appartement dans le XXe, pas beau comme celui d'Hannah et de Toscan, luxueux après tout, mais convenable et bien tenu dans son dénuement par Stefan qui avait « des goûts d'esthète » ; un peu comme pour des parents aimants que l'on quitte en devenant adultes, ils sauraient trouver les mots pour leur parler sans qu'ils se sentent abandonnés, « mais, en y pensant bien, dit Bosnia, ils vivaient ensemble très heureux avant nous et même s'ils nous adorent, comme ils disent, peut-être seront-ils aussi quelque peu soulagés ? ». Pas de lectures, pas de sieste, Bosnia et Adem devisèrent ainsi jusqu'à l'atterrissage tout en repassant par bribes décousues ce qu'ils avaient vécu la dernière semaine dans leur Herzégovine blessée.

À Roissy, quel ne fut par leur étonnement de voir Hannah toute souriante au côté de Toscan, eux qui l'avaient imaginée encore alitée chez elle depuis sa sortie de l'hôpital, et, d'un pas alerte, elle se dirigea vers « ses deux enfants » et ce furent les embrassades joyeuses, douces effusions de cette famille peu commune que les vicissitudes de la vie avaient créée de toutes pièces, « ah ! vous êtes partis si longtemps », dirent leurs vieux amis – « et qu'est-ce que ce sera, si l'on parle d'Amérique ? » se demandèrent intérieurement les jeunes, mais, des jours plus tard, à table, lorsqu'ils commenceraient à divulguer délicatement leurs rêves et projets d'avenir, ils ne rencontreraient que d'attendrissants accords et même cette stupéfiante proposition de venir avec eux bientôt chez le notaire afin de leur léguer maintenant leur part d'héritage, et Bosnia et Adem ne sauraient ni quoi répondre ni comment, embarrassés, émus, ils finiraient par énoncer gauchement, presque chuchoter, des « qu'avons-nous fait pour mériter ces largesses ? », ou bien « comment vous remercier pour tant de bontés ? », ou encore « avec Milovan, vous êtes notre ciel sur la terre », ce à quoi Hannah et Toscan répliqueraient simplement, l'un et l'autre ou les deux en même temps : « Mes enfants, il ne faut ni chercher des raisons ni invoquer le ciel, c'est parce que nous vous aimons », puis Hannah, jubilante, ajouterait : « Ah ! je rêve de revoir le Québec et ma si grande amie Pauline, elle habite maintenant Rimouski où vous la rencontrerez, vous verrez, vous l'aimerez, je lui écris dès demain, et je l'appellerai ! » –, les quatre s'engagèrent vers le stationnement en parlant tous en même temps.

Hannah semblait guérie. Elle avait repris ses activités préférées, piano, cuisine, lecture, elle allait au cinéma ou dans les musées, elle voyait ses quelques amis. Une gouvernante avait été engagée, elle avait la cinquantaine, venait de Roumanie, était veuve avec deux grands enfants restés là-bas, elle voulait qu'on l'appelle Nana, c'était une jolie femme, très drôle et cultivée qui parlait quatre langues en plus du roumain, l'allemand, l'anglais, le russe et le français (sa langue préférée), on l'avait installée dans une petite pièce qui, jadis, servait de bureau à Toscan – et quand les enfants partiraient, elle aurait ses appartements au grenier, « mais vous serez toujours chez vous ici quand vous reviendrez à Paris, la petite chambre sera pour vous », Hannah parlait comme une mère chez qui les enfants retournent, elle aimait cette idée. Un soir, ils organisèrent une autre fête, c'était pour Pessah*, Sophie et Stefan furent invités, Nana avait fait les courses et exécutait les recettes d'Hannah, Toscan, comme toujours, veillant au vin – à table, c'était lui qui découpait le gigot –, et, après le repas, Hannah se retrouva au piano pour accompagner Nana, douée d'une voix d'or et connaissant par cœur tous les folklores d'Europe centrale.

Pour les vacances de Pâques, tous quatre, Hannah, Toscan, Bosnia et Adem descendirent en voiture dans le Sud, visitèrent la vallée du Rhône, puis, par Avignon et Cavaillon, traversèrent le Lubéron jusqu'à Manosque où ils s'installèrent une semaine. Un jour, sur le mont d'Or où Bosnia et Adem s'étaient rendus à pied pour pique-niquer et rêver – un jour sans mistral, on pouvait donc contempler tranquillement, s'entendre penser, déceler même les battements d'ailes des papillons qui renaissaient parmi la flore broussailleuse –, alors qu'ils se tenaient épaule contre épaule, silencieux, éblouis, tant de remémorations, tant d'événements aussi depuis leur première escalade, il y avait deux saisons de cela, soudain, à brûle-pourpoint, Adem lança ces mots dans l'air : « On vient de loin et depuis très longtemps », ce avec quoi Bosnia se sentit en parfaite entente et, se projetant vers le futur incertain qui les attendait, elle sortit de son sac à dos un livre qu'elle s'était procuré, avec plusieurs autres, à la Librairie du Québec, et lut : « Je mourrai sans mourir. Alouette, caille, chardonneret, quand vous reviendrez du soleil, quand vous rentrerez au pays agonisant, vos ombres se déchiquetant aux aspérités du sol, chantez, je vous prie, chantez à vous étouffer », c'était la dernière phrase d'un très beau livre de Jacques Brault, *Agonie*.

Bosnia demanda à Adem : « Est-ce que tu commences à comprendre, toi, où l'on s'en va ? »

---

* La Pâque juive.

TROISIÈME PARTIE

Québec

XXXI

Il y avait cette vaste fenêtre, là, dans laquelle la vue de Bosnia se perdait, si loin dans une blancheur infinie, toute cette neige, ce silence feutré entrecoupé de bruits assourdis – Bosnia pensait « j'imagine ainsi l'éternité, la musique de l'éternité, pas le sombre ou l'ennui, non, le blanc ébloui du soleil et le dessin des ombres sous les fumées des cheminées, les ombres qui écrivent des mots inconnus, tracent des notes inentendues par les mortels et que nous pourrions lire sur l'autre versant de la vie quand nos souffles auraient quitté ces pauvres corps incapables de voler » –, puis le craquement du feu de cheminée la ramenait à cette pièce chaude où Pauline lisait dans un vieux fauteuil, une couverture de laine sur les jambes, la lampe sur le livre et les mains parcheminées, la lampe embrasant d'autres rayons, ceux de la chevelure grise de Pauline, qui ressemblait à ce moment-là aux bouquets de mélilots dans les jardins sauvages de juillet, mais, surtout, la ramenait au corps chaud d'Adem qui, lui, était tout absorbé par le jeu des flammes pendant qu'il caressait les cheveux de Bosnia et que Bosnia, l'oreille collée au torse de son homme, entendait sa respiration et les battements de son cœur, c'était son Adem, son amour, ils revenaient de si loin tous les deux, « je n'aurais pas assez d'une vie pour tout raconter ce que nous avons vécu depuis le départ de

France, les adieux déchirants d'Hannah et de Toscan – mais ils viendront nous voir, eh oui, dès que nous serons installés, ils viendront nous voir, ç'a été promis –, non plus que le retour à Sarajevo où nous fûmes pour l'été "guides des ruines" et quand, avec Mamouni et Milovan et Liliana, nous avons pleuré dans notre cimetière improvisé et quand aussi nous avons fêté et chanté et sommes retournés au "château en forêt" de Milovan – le "château qui n'existe plus", voici le nom que nous lui avons donné –, mais les oiseaux étaient les mêmes, ils vocalisaient comme par le passé, où étaient-ils pendant la guerre ? » se demandait Bosnia dont le regard revenait à la fenêtre où elle voyait le fleuve Saint-Laurent et la longue ligne noire dessinant au milieu un continent perdu, c'était l'île Saint-Barnabé, elle l'avait lu sur une carte, puis encore, passé le dessin noir de l'île, de la blancheur à n'en plus finir jusqu'à la barre d'horizon, très loin là-bas, vers le nord-ouest qui laissait entrevoir le pays d'en face, la Côte-Nord, mais « c'est le même pays, c'est toujours le Québec », lui disait-on avec fierté.

Il lui semblait alors que cette immensité du sol et des eaux était à la mesure de l'espoir déraisonnable qui était sien face à la vie, assez étendue pour pouvoir y enfouir çà et là des peines que l'on oublierait au passage sous autant de glaciels qui fondent au printemps, bien sûr, on ne peut pas, comme par magie, balayer de sa mémoire les horreurs passées ni anesthésier cette partie de l'âme où se sont réfugiées les atrocités, mais l'autre jour, en marchant sur la banquise avec Adem, chacun plongé dans l'intraduisible silence des épouvantes vécues en Bosnie-Herzégovine, elle avait eu le sentiment qu'ici, sous les glaces, elle était en train d'accomplir une ultime inhumation de son père Ismet et de ses chères Adila et Marina – Bosnia l'avait dit tout bas à Adem qui, dans ce paysage aux limites de l'imaginable, n'avait pas le moins du monde semblé étonné, il avait juste pris la mitaine de Bosnia dans sa mitaine à lui, avait serré sa main et Bosnia avait vu dans l'air glacial l'arabesque enfumée de son souffle à lui, inscrivant à jamais son acquiescement.

Pendant que son amour, Adem, s'en était allé nourrir le feu de cheminée, Bosnia se déporta aux temps de la bataille quotidienne pour trouver du bois pour chauffer, ce temps d'avant Adem quand elles se blottissaient toutes trois pas loin du feu de livres de leur bibliothèque envolée, Adila, Marina et elle, quand elles se racontaient autant d'histoires qu'il y avait d'heures à survivre… car, ici, dans cette pièce chaleureuse d'un salon de Rimouski où l'amie psychanalyste d'Hannah s'était retirée après une vie, à Montréal et à Paris, de « bonheurs et de labeurs », comme elle disait, ici, dans ce silence nordique apaisant de fin d'après-midi où la nuit tombe en plein jour vers 16 heures de sorte que vous êtes précipités sans préparation dans le temps du lendemain, qu'il vous semble naturel sous cette latitude d'entrer à chaque couchant d'un bond dans l'éternité sans même mourir, Bosnia, que la noirceur soudaine avait extraite du tableau à la fenêtre, entendait les crépitements du feu, mais aussi le chuintement des pages du livre que Pauline tournait, ce qui la ramenait aux feuilles se consumant dans l'âtre de fortune du petit appartement de Sarajevo… puis elle pensa au livre du juif hongrois Imre Kertész, *Liquidation*, qu'elle venait de terminer, c'était Hannah qui le lui avait offert, Imre Kertész qui avait connu le camp nazi de la mort, à Auschwitz, où tant d'autres de ses compatriotes avaient été assassinés et qui disait : « Même quand je parle de quelque chose de tout à fait différent, je parle d'Auschwitz », et Bosnia sentait que, malgré toutes les banquises du monde sous lesquelles elle ensevelirait l'horreur, toujours elle porterait en elle sa Herzégovine blessée – touchant son ventre dont elle reconnaissait pour la énième fois les petites douleurs cycliques, elle se dit encore une fois, « ah, pas enceinte, ah, je suis soulagée, hâte de l'annoncer à Adem, je ne suis pas prête à porter un enfant, nous ne sommes pas prêts, Adem et moi, trop de choses à guérir, trop de chantiers à construire ! » –, puis elle se dirigea vers la cuisine pour rejoindre Pauline qui avait refermé son livre, en passant elle vit le titre *La détresse et l'enchantement*, de Gabrielle Roy, Pauline lui avait confié, au cours de la marche sur la promenade de bord du fleuve qui ressemblait à un pont de paquebot, qu'elle n'aimait que les « livres écrits en poésie », romans, biographies, essais ou poèmes. Bosnia avait rejoint Pauline pour l'aider à préparer le souper, Adem, lui, débouchait le vin, ce soir-là, c'était un pommard offert par Toscan et qu'ils avaient apporté dans leurs bagages. Au menu, il y aurait un gigot d'agneau, Pauline avait décidé de fêter « tous ses enfants », ils iraient bientôt au terminus Orléans Voyageur chercher sa fille Valérie qui étudiait l'histoire à l'Université Laval et qui descendait passer à Rimouski sa « semaine de lecture » de février.

« J'ai trois mères, pensait Bosnia : Mamouni, Hannah et maintenant Pauline. » Elle embrassa Pauline sur la joue et Adem dans le cou, l'odeur de l'agneau qui cuisait au four lui rappela la grande fête de l'Hadj chez ses grands-parents maternels, après le ramadan, mais elle ne pleura pas, elle ressentait tout simplement cela, qu'elle avait cru depuis longtemps réservé aux autres, le bonheur, comme si ses larmes avaient gelé sous la glace, avec le reste enfoui là jusqu'au printemps et, peut-être, espérait-elle, jusqu'à la fin de tout, quand plus rien du corps ne bouge ni ne souffre.

XXXII

Lorsqu'ils étaient arrivés à Montréal en septembre, de retour de Sarajevo et après un bref séjour à Paris, chez Hannah et Toscan, Bosnia et Adem avaient d'abord été accueillis par une famille croate amie de la famille de Stefan, puis très vite, après avoir sillonné la ville et frappé aux portes de tous les centres d'accueil et d'assistance aux immigrés et réfugiés du monde, ils s'étaient trouvé un parfait petit logement juste pour eux dans le quartier du plateau Mont-Royal grouillant de vie et de jeunesse. Ils partageaient cet appartement avec un coloc, c'était l'usage au Québec, leur avait-on dit, un jeune homme tout à fait charmant qui venait de la Gaspésie et étudiait ici le théâtre, il s'appelait Cédric, ensemble, ils avaient déroulé la carte géographique et vu combien ce pays était grand, plaçant tout à côté leur petite Bosnie-Herzégovine, « vous avez connu la guerre juste pour cette minuscule surface ? disait Cédric, vraiment, je ne comprends pas », et il mettait son doigt sur un point de la Haute-Gaspésie, « vous voyez, c'est là d'où je viens, juste sur la mer, c'est le golfe Saint-Laurent, nous, on dit la mer, c'est à peu près en face de l'île d'Anticosti qui ressemble à un poisson, c'est plein d'orignaux et de chevreuils là-bas et, dans les rivières, plein de truites et de saumons, vous viendrez l'été prochain, et un jour nous irons ensemble en Europe, peut-être pas en Bosnie, j'ai peur de la guerre», Cédric leur lisait alors des poèmes d'Anne Hébert ou encore des récits signés Jacques Ferron, un grand écrivain médecin qui avait vécu dans son village. De son côté, Adem s'était inscrit à la faculté de science politique et de droit de l'UQAM, il avait aimé les quelques professeurs rencontrés, il s'était bien entendu avec les étudiants aperçus, bientôt, il remonterait à Montréal en autobus; il était venu à Rimouski accompagner Bosnia qui, elle, avait désiré se donner une année de liberté, sans études et sans projets, sinon celui de laisser aux saisons le temps d'exprimer leurs propres desseins, et Bosnia était remplie d'espoir, «je ne sais pas pourquoi, dit-elle à Adem, mais ce qui est en vue me semble démesurément plus espérant que la somme des désastres empilés sur mon cœur depuis si longtemps», puis elle se tut, avant d'ajouter tout bas «je n'ai pas les mots capables de faire le tour de mes pensées, les contours, les profondeurs et les hauteurs, un jour, Adem, je les trouverai, ces mots-là, ils traduiront les catastrophes mais aussi les enchantements, les merveilles, ou bien je trouverai les couleurs si je peins» et elle lisait à Adem cette phrase récitée par le poète américain Stanley Kunitz, sur la tombe de Mark Rothko, lors de la cérémonie funéraire du peintre à New York, le 28 février 1970: «Toute la corruption du monde ne peut ternir l'éclat des précieuses couleurs» et Adem prit Bosnia dans ses bras, il sentait son amour aussi grand que ce pays où ils venaient d'échouer, lui laissant tout le temps désiré pour accomplir les promesses inouïes du temps.

Un soir, à Montréal, alors qu'ils écoutaient du fado – c'étaient Cédric et son ami Jean-Philippe qui avaient choisi cette musique –, buvaient du thé au jasmin et regardaient le ciel de la ville reflété dans l'immense fenêtre sans rideaux, l'éclairage électrique des immeubles et des feux de circulation figurant comme à la sanguine autant d'étoiles et de constellations, Bosnia retrouva ses fantômes nostalgiques, ceux-là mêmes que le fado ressuscitait, l'épouvantant et la charmant tout à la fois, elle revit, comme si c'était le présent, la scène d'exhumation de la dépouille de son père Ismet dans cette forêt où elle avait combattu à ses côtés, là, quand elle lui avait récité, après l'avoir enterré et recouvert de son voile invisible, au son d'une partita de Bach venue de son oreille intérieure, la complainte Al-Lât « au nom de Dieu, le Tout-Maternant, le Clément », ce temps semblait si loin, plus loin que ne l'est l'Amérique de la Bosnie et, pourtant, il était là, dans l'instant du fado nostalgique : elle tenait la main d'Adem et regardait les deux jeunes soldats canadiens de la SFOR qui les avaient accompagnés, on ne sait jamais, elle entendait les oiseaux chanter et ce jeune soldat, Julien, qui disait, la gorge serrée de larmes ravalées : « Comment les oiseaux peuvent-ils chanter ici ? Cela semble impossible. Presque un blasphème. » Plus tard, sur la route du retour vers Sarajevo – alors que Bosnia portait sur son ventre la boîte en fer-blanc fabriquée par Milovan, et qui contenait les restes de son père Ismet, qu'elle la caressait, la réchauffait de ses mains chaudes sous le soleil de juillet, comme s'il eût été vivant, un tout petit enfant tout juste expulsé de son ventre de terre et elle ne pleurait pas, ne parlait pas, chantonnait sa complainte Al-Lât d'un temps révolu, juste là pourtant –, le jeune soldat Julien dit qu'il avait appris cette phrase lors d'un cours, *Mémoires de guerre*, donné par un professeur écrivain, à Kingston, en Ontario ; c'était un correspondant de guerre, dénommé Matthew Halton, qui l'avait prononcée à la CBC en découvrant les horreurs du camp nazi de la mort, à Meppen, en avril 1945.

« Comment les oiseaux peuvent-ils chanter ici ? » entendait Bosnia en même temps que la partita de Bach et en même temps que le fado nostalgique, et elle revoyait la scène de la seconde inhumation de son père, Ismet, dans ce carré funéraire improvisé où ils avaient placé deux ans auparavant les corps d'Adila et de Marina se tenant par la main, il y avait sa Mamouni qui pleurait et Milovan et Liliana et Adem, sur les pierres en ruine et dans les herbes sèches, le soleil chaud défiait le malheur, les feuilles avaient repoussé aux arbres hier calcinés par le feu des armes, une primevère jaune toujours contre le mur vibrant de touffeur, et les oiseaux, encore et toujours, Adem semblait si absent cet après-midi-là, ailleurs, comme inatteignable – les soldats de la SFOR leur avaient interdit de se rendre sur le territoire où Adem avait enterré les siens, sa mère, son père, sa grand-mère, son oncle et ses petites sœurs Aïda et Malenka, ces terres, devenues propriétés de la République serbe de Bosnie, avaient toutes été minées, sols recouvrant la mort et ressemés de mort, Adem ne pouvait même plus songer à la découverte macabre qu'il avait faite naguère sur les piquets, ni à sa famille ni au chien Milo qu'il avait enterré aussi et, quand il revenait de sa rêverie macabre, il disait à Bosnia et à Milovan, « si j'y pense, je deviens fou » et, cette folie, qui donc pourrait la guérir ? se demandait Bosnia.

Alors, ce soir-là de fado, elle s'était mise en tête un plan, celui de se rendre jusqu'à l'océan, elle voulait aller jusqu'au bout du monde de l'Amérique, face à l'Europe, s'y rendre avec Adem après Rimouski où ils loueraient une voiture, Cédric ne lui avait-il pas dit, en rêvant sur la carte de la Gaspésie, qu'au bout, là, c'était Gaspé, et Gaspé, dans la langue micmaque des premiers habitants, c'était Gespeg, c'est-à-dire, « le bout de la terre » ? À Gaspé, au bout du quai des navires de haute mer, elle regarderait l'Europe, juste en face, et elle crierait, devant le mur du Large, elle crierait à cette vieille terre de guerres ensemencée de sang millénaire, elle hurlerait son insondable chagrin, elle mugirait ses deuils, mais personne ne l'entendrait vu les clameurs des hautes vagues, personne, sauf Adem qui, muet, discernerait, remontant de ses propres entrailles, l'écho sourd d'un cratère tatoué là.

XXXIII

Bosnia ne savait pas pourquoi, mais c'était à Valérie qu'elle voulait raconter sa dernière rencontre avec Mumo dans les ruines de Sarajevo, alors que toutes deux, assises sur le plus haut mont de la Matapédia, à Val-d'Irène, contemplaient cette vallée sauvage d'une étonnante beauté, voyaient tout en bas, arrondis, les tracés du lac, des collines et des vallons jusqu'à Saint-Tharcicius et Saint-Vianney et même plus loin, après avoir suivi le filet de la rivière Matane jusqu'au golfe, là-bas, passé le mont Blanc des Appalaches, ce panorama rappelait à Bosnia les Alpes dinariques de son enfance d'avant-guerre, peut-être aussi parce que Valérie lui avait parlé de son enfance à elle, calme comme le présent décor, étrangère aux troubles et aux épouvantes dont Bosnia avait secrètement témoigné jusque-là, enfance collée aux seuls bonheurs de vivre, est-ce possible? en quête de quotidiennes joies, avec quelques émois, de temps en temps, comme des coups d'ailes de papillon déposant çà et là des poussières d'humeurs sombres, peut-être encore parce que Valérie, montrant un village, en bas, c'était Amqui, avait dit comme en un songe heureux: « Tu vois l'église, là, rends-toi jusqu'à la gauche du clocher, puis tourne vers la rivière et marche un quart de kilomètre, tu vois, là, la belle propriété dans les arbres, juste au bord de l'eau? c'était la maison de mes grands-parents, les parents de maman Pauline, ils étaient formidables, je les aimais» et Bosnia avait entendu «je les aimais» comme dans une histoire lointaine des *Mille et une nuits*, elle s'était dit: « D'où vient ce désir, quand on a été choyé et heureux, d'où vient ce besoin qu'a Valérie de parcourir le monde, d'étudier l'Histoire et les histoires de l'humanité, de vouloir saisir, sous toutes ses coutures, le destin des humains, les bons et les mauvais sorts, d'où tient-elle cette avidité à comprendre tout autant les cupidités et voracités que les bontés et magnanimités? Valérie a sa mère toute proche qui lui paye des études à sa convenance, lui offre sa voiture pour que nous voyagions cette semaine à notre guise, qui est savante et compréhensive, a pratiqué son métier de psychanalyste avec ferveur, qui a été belle et belle est encore, qui s'est mariée "dans les formes, comme cela se faisait ici à l'époque", qui s'est séparée de son homme et a divorcé quand elle ne l'aimait plus, qui a connu d'autres amants de passage et "quelques amours", disait-elle doucement, d'où leur vient cette liberté, comme une grâce de vivre? » et, devant la beauté environnante qui la berçait, face à l'énigme quasi vertigineuse que représentaient les vies de Valérie et de sa mère Pauline, elle éprouva un sentiment aux antipodes du fado nostalgique, quelque chose qui s'approcherait de la confiance pure qu'elle avait connue durant l'enfance, une espèce de légèreté d'avant le viol de ses quatorze ans et d'avant la guerre et, même si, au fond d'elle-même, elle savait que, sous l'image idyllique offerte par son nouveau pays, coulait sans doute un flot de turbulences et d'épreuves, tout abandonnée aux bienfaits de l'instant, elle se mit à raconter le dernier chapitre de l'histoire de Mumo que seuls, jusqu'ici, Mamouni, Milovan et Liliana, Adem, Hannah et Toscan connaissaient.

XXXIV

En entrant dans l'abri provisoire aménagé à même les ruines et jouxtant d'autres ruines, Bosnia n'avait pas tout de suite reconnu cette forme humaine immobile, adossée contre le seul mur de pierre encore debout, revêtue d'un étrange accoutrement, comme s'il se fût agi d'un haillon médiéval, une relique arrachée d'un quelconque tombeau à ciel ouvert, le regard vide, éteint et la chevelure hirsute déjà blanchie tombant sur une barbe jaunie, elle ne sut pas au premier coup d'œil qu'il s'agissait de son frère Mumo, de quatre ans son aîné et qui ressemblait déjà à ces vieillards que l'on voit déambuler parfois aux alentours du bazar Brusa Bezistan ou de la vieille mosquée Gazi Husrev Bey lorsqu'ils sont encore capables de marcher, sinon on les parque dans les asiles de fous comme elle en avait vu certains lors de ses visites à sa Mamouni, malade à l'époque de trop de mort partout, elle n'avait pas compris que cette chose humaine au regard effacé était son frère Mumo, puis elle sut et fut foudroyée de cette connaissance-là, elle sut en un instant quand, s'avançant lentement et tenant Adem par sa main tremblante, cherchant au fond des yeux mornes ne fût-ce qu'une étincelle de lumière ancienne, car, au fin fond d'elle-même, quelque chose avait compris depuis l'entrée dans l'abri qu'il s'agissait de son frère Mumo, elle sut quand une fugace lueur, la fixant, se mit à briller et que de la bouche cachée par la barbe sortit un seul mot: «bibliothèque», elle sut, parce que cette lueur, elle l'avait reconnue et que sa voix n'avait pas changé.

Elle cria «Mumo» et sa propre voix lui revint en écho à travers les pierres déboulées dans l'abri, elle répéta «Mumo», mais son frère s'en était retourné à sa nuit, et ses pensées à elle, comme les pierres déboulées des ruines, se mirent à dévaler dans sa tête, à tomber jusqu'au cœur, elle ne voulait pas de cette autre épreuve, ne désirait plus être venue avec Adem jusqu'ici, mais il était trop tard, elle était là, «dis-moi que je rêve», mais Adem ne répondait pas, ne pouvait pas répondre, lui-même se trouvait précipité dans les mêmes cauchemars de guerre, regrettait d'être venu jusqu'ici, mais ne se rendait-il pas à l'injonction de Mamouni qui voulait retrouver «son grand petit», disait-elle, obsédée qu'elle était depuis le coup de fil de l'ambassadeur de Bucarest qui leur avait appris le retour de Mumo en Bosnie-Herzégovine – il aurait traversé la Moldavie à pied, quelqu'un, mais on ne savait pas qui, l'aurait exfiltré du Daghestan où il aurait été emprisonné et torturé après la découverte et la destruction du camp d'entraînement où, avec d'autres, il s'en était allé apprendre à combattre et à tuer les impies, et tous ses camarades avaient été assassinés –, alors Mamouni, accompagnée de Milovan, avait revu une fois son fils qu'elle n'avait pas reconnu, il lui avait dit «seul ici» et «bibliothèque», elle n'avait pas compris pourquoi, Mumo avait repoussé violemment Mamouni et Milovan à l'extérieur de l'abri, comme il le faisait maintenant avec Bosnia et Adem, tel un animal assailli dans son antre, il les expulsa en lançant un cri d'une telle fureur qu'ils comprirent que jamais plus ils ne tenteraient de revoir Mumo. Parfois, quelqu'un de leur connaissance apercevait cette forme humaine mendiant aux abords de la Miljacka, on lui lançait des fruits, du pain, des restes de viande ou de poisson, le plus souvent il sortait après l'appel du muezzin, « *Allah Akbar* », dans un vieux sac de guenilles, il enfermait les aumônes et s'en retournait, comme aveugle, vers son abri.

« Tu vois, Valérie, j'ai su ce jour-là que je ne voudrais plus jamais vivre en Bosnie-Herzégovine, comme si je rompais avec un grand amour qui avait été et qui n'était plus, et j'ai su que jamais je ne comprendrais l'essentiel de notre dernière rencontre : pourquoi Mumo n'avait conservé en bouche que ce seul mot de "bibliothèque", lui à qui les livres n'avaient jamais parlé, lui qui n'avait jamais désiré étudier, étaient-ce le rappel des pages que nous avions tous vu s'envoler, une nuit hallucinée, avec les tisons et les flammes quand nos ennemis incendièrent la Grande Bibliothèque de Sarajevo, la plus vieille et la plus belle des Balkans ? était-ce le souvenir du lendemain où nous déambulions tous dans l'égarement à travers les cendres et que nous trouvions parfois des bouts de papier noircis, quelques lettres encore lisibles imprimées depuis des siècles, ce trésor que plusieurs ignoraient jusque-là et dont nous découvrions l'existence dans sa destruction ? » Une pensée traversa alors l'esprit de Bosnia : c'était le lendemain de ce jour de démence que Mumo avait fait sa première crise de « folie mystique » ainsi que disait Milovan, Bosnia n'avait jamais fait le lien, mais elle ne comprendrait pas ce que cela signifierait, pas plus l'énigme de la folie de Mumo et pas plus celle de toute folie, ce mystère, elle sut qu'il l'accompagnerait jusqu'à la fin de ses jours.

XXXV

Ce matin-là, le port de Montréal baignait dans la lumière rosée du levant sur la neige noir et blanc des berges, Bosnia laissait dériver son regard, du pont Jacques-Cartier, à l'est, jusqu'au pont Champlain et, au-delà, des monts Saint-Hilaire, Saint-Bruno et Saint-Grégoire, qu'elle discernait bien, jusqu'au tracé flou des monts des Cantons-de-l'Est et même des États-Unis, là-bas, loin, au New Hampshire et au Vermont, elle s'était assise sur un muret de béton, près des conteneurs de toutes couleurs, des camions énormes qui déchargeaient-rechargeaient et des navires de toutes sortes, paquebots d'humains ou transbordeurs de marchandises qui venaient de loin ou repartaient ailleurs, elle avait toujours aimé les lieux grouillant de transhumance, parcs ferroviaires ou bien aérogares, s'imaginer ailleurs avait toujours été depuis ses quatorze ans catastrophiques et pendant la guerre une sorte de viatique de survie et après l'exil en France et le si triste retour à Sarajevo, elle avait par-dessus tout désiré prendre la route vers un pays d'où elle ne partirait plus, ils étaient venus au Québec, Adem et elle, ils avaient aimé d'emblée ce qu'ils y avaient découvert et, pour la première fois depuis longtemps, elle désirait s'ancrer, trouver une adresse, un domicile et, mis à part les voyages qu'elle chérirait toujours tout autant que les livres, elle éprouvait comme une soif de ne plus s'en aller, ce qui ne l'empêchait pas de cultiver dans son cœur cette part d'elle-même qui l'avait faite ce qu'elle était à présent, de rendre fidèlement un tribut de mémoire à ce désir de partance qui l'avait constituée, telles les fibres invisibles des organes du corps, muscles, nerfs, tendons que l'on n'aperçoit pas, mais qui sont tout aussi vitaux que les exhalées, larmes, sang ou sueurs, c'est pourquoi, dans cette ville, choisie et non imposée par la naissance ou par quelque déportation, tout en demeurant là, elle voyageait chaque jour, à pied, en autobus ou en métro, d'est en ouest et du nord au sud, elle avait commencé par les axes centraux, Saint-Laurent et Sherbrooke, on lui avait dit « tu verras, Montréal est construite comme une croix », elle déambulait sac au dos, dépliait sa carte géographique sur une table de café, sur un banc de parc ou encore, comme aujourd'hui, sur ses genoux, face aux mouvements de tous les départs et de toutes les arrivées, elle croyait même discerner, à travers les sons de moteurs, de ferraille, et les cris des hommes, la musique du craquement des glaces, ici, contrairement au Bas-Saint-Laurent, on ne disait pas glaciels, on était en mars, le printemps s'annonçait jusque dans la symphonie des glaces, elle notait sur son carnet « une plainte des glaciels, car leur hiver s'en va », dans son sac, il y avait toujours un livre, elle apprenait le Québec par les livres, ceux d'hier et ceux d'aujourd'hui, et avec la carte géographique, elle emportait chaque jour son dictionnaire de poche et son carnet sur lequel elle transcrivait ses ébauches d'écritures, lettres à Mamouni et à Hannah et Toscan, cartes à Sophie et Stefan ou encore à Valérie et Pauline avec lesquelles l'amitié prenait forme, elle ne savait pas encore clairement ce qu'elle allait « faire de sa vie », comme Mamouni le lui avait demandé dans sa dernière lettre. Elle lui avait répondu : « Mamouni chérie, petite maman de mon cœur – en bosniaque, ces mots semblaient si tendres, comme s'ils la ramenaient tout droit dans les bras de Mamouni, petite –, ma vie, c'est maintenant» et elle avait ajouté: «Ma vie, c'est maintenant et j'aimerais que tu viennes vivre dedans avec nous, Adem et moi, tu verras, ce sera bien pour toi, on te présenterait des Bosniaques réfugiés ici, ils sont quelques milliers à Montréal et mille deux cents à Québec, on dit que Québec est une ville si belle, comme un musée perché sur le grand fleuve, nous irons bientôt, tu sais, on peut faire toutes les démarches, Adem et moi, c'est compliqué, mais on y arrivera, comment peux-tu encore vivre parmi autant de ruines et de mauvais souvenirs, au côté de ton seul enfant devenu fou, comment peux-tu?» La lettre, Bosnia l'avait postée la veille au bureau de poste du Plateau, rue Papineau, et elle attendait la réponse de Mamouni, mais, au fond, elle la connaissait par cœur, c'était toujours la même: «Petite Sabaheta de mon cœur, je ne peux pas laisser ton père tout seul dans sa terre de Sarajevo, je ne peux pas laisser mon Ismet sans que mes pas sur la terre où il repose et sans que mes mains et mes larmes viennent régulièrement le réchauffer, tu comprends, ma petite fille tant aimée? depuis la mort de notre Ismet, Allah m'a fait une seule prière, celle de rester au milieu des "ruines", comme tu dis, de vivre ici avec les survivants et de semer sur les cendres recouvrant ton papa mon souvenir tout présent.» Et Mamouni poursuivait, donnait des nouvelles de tous, racontait ses jours et ses soirées et ses nuits parsemées de rêves où les cauchemars, avec le temps, un à un s'éteignaient, et, invariablement, elle terminait en disant son amour, ses baisers, sans oublier, jamais, la dernière question: «Ma petite chérie, que vas-tu faire de ta vie?»

Bosnia souriait, sachant que sa vie, c'était maintenant, aussi bien dans le jour qui se levait que dans les films ou les pièces de théâtre qu'elle avait vus avec Cédric depuis son arrivée, ou dans son amour pour Adem qu'elle chérissait de plus en plus, Adem, toujours occupé à ses études, tous ces cours passionnants mais difficiles qu'il lui racontait parfois, et les week-ends, ils se faisaient des petites fêtes avec les amis de Cédric, mais aussi les nouveaux copains d'Adem, Bosnia exerçait ses talents de cuisinière, elle pratiquait, découvrait l'art culinaire, s'était acheté quelques livres, *La cuisine pour tous*, chez Larousse et *L'Encyclopédie* de Jehane Benoît et, encore, celui de Josée di Stasio dont tout le monde ici parlait. Cédric, quant à lui, excellait dans les desserts, il leur parlait de Daniel Pinard comme on eût pu discourir sur Homère ou Shakespeare ou sur Orson Welles, Adem, de son côté, choisissait les vins, fier de sa jeune science qu'il tenait de Toscan et, parfois, quand la joie s'emparait de lui à l'improviste, il leur mitonnait une goulash, la seule recette qu'il connaissait, la tenant de sa mère qui, elle, l'avait apprise de sa grand-mère, c'était la « meilleure goulash de tous les Balkans », depuis des siècles on savait ça, comment dire à Mamouni que sa vie, c'était ça et que son avenir, ce serait toujours maintenant, depuis qu'avec Adem elle avait quitté le vieux continent et les sols ensanglantés de l'Europe? mais, dans ses lettres, Bosnia lui racontait tout de même leurs nombreuses démarches de réfugiés en vue d'acquérir la citoyenneté canadienne, elle lui expliquait ces deux pays en un, le Canada et le Québec, qu'elle avait peine à comprendre, ils parlementaient et se chamaillaient constamment, mais ne sortaient pas les armes, « inimaginable, Mamouni, ils s'attaquent avec des mots que tu trouverais terribles, mais ne se tuent jamais, ils ne s'emprisonnent même pas, ils se battent à coups de textes de loi, j'essaie de comprendre, Adem apprend des tas de choses à la fac, il m'explique de son mieux », elle lui disait aussi ses projets pour les études, en septembre, comme elle connaissait déjà le serbo-croate, sa langue, qu'on nomme maintenant le bosniaque, en Herzégovine, et l'allemand et l'italien et, bien sûr, le français, de plus en plus, à cause de la France, du Québec et de leurs littératures, elle irait peut-être s'inscrire à l'université McGill, en langue et littérature anglaises et traduction, pour gagner sa vie, elle serait peut-être interprète ou traductrice ou prof de langues, n'avaient-ils pas décidé, Adem et elle, de conserver l'héritage d'Hannah et de Toscan pour payer les études et les livres, les voyages et une petite voiture qu'ils s'achèteraient au printemps, car ils voulaient parcourir ce vaste pays en plus de retourner chaque année en Bosnie-Herzégovine, en France et partout sur cette terre qu'ils désiraient sillonner pays par pays, par ses ciels, ses fleuves, ses rivières et ses océans ?

Bosnia racontait à Mamouni, mais, au fond d'elle-même, elle savait bien que pour Mamouni, et cela revenait comme un leitmotiv, « faire sa vie » signifiait « faire des enfants avec un homme qui travaille pour subvenir à vos besoins », alors, comme aujourd'hui où elle était remontée du port et venue s'échouer dans un café de l'avenue du Parc, quartier qu'elle affectionnait à cause de sa multiethnicité et de toutes les langues qu'on y parlait, s'y sentant chez elle parce qu'ailleurs, elle se mit à écrire à Hannah et tout ce qu'elle ne pouvait raconter à Mamouni, elle le disait à Hannah, à Adem aussi, bien sûr, mais les paroles à un amoureux ne peuvent franchir les espaces des lettres à l'amie lointaine, c'est pourquoi, souvent, elle lisait à Adem ses lettres, car, avec Hannah, elle esquissait des pensées qu'elle ne s'était même pas formulées à elle-même – les mots écrits dépassent le propre entendement qu'on a pu s'en faire, elle le voyait bien en les alignant sur les feuilles –, elle parlait surtout des études de philosophie qu'elle avait dessein parfois d'entreprendre, des lectures l'avaient mise sur cette piste-là, avant la guerre, à l'université de Sarajevo, des textes de Platon et de Kant, et à présent ceux de Nietzsche dénichés dans la bibliothèque de Pauline, à Rimouski, elle parlait aussi de ce désir des années récentes de mieux comprendre l'univers de la folie, après tout, sa propre mère n'avait-elle pas été folle, le temps d'une guerre, et son frère Mumo ne l'était-il pas devenu, semblait-il, pour toujours ? et Adem, même Adem, après la découverte macabre des siens, les crânes empalés sur des piquets, les corps jetés à la rivière, et son chien éventré, juste à côté, son Adem n'avait-il pas, pendant des semaines et des mois, vécu la nuit dans le jour et les cauchemars dans toutes les nuits ? « et moi, poursuivait Bosnia, dis-moi, Hannah, suis-je à l'abri ? ne devrais-je pas plonger dans la connaissance de cet univers insaisissable et commencer par m'immerger dans l'étude de ce premier précepte, énoncé déjà par Socrate, *Connais-toi toi-même* ? » Hannah répondait à chacune des lettres de longues missives sachant « rendre l'énigme à l'énigme » et que Bosnia conservait comme des trésors.

XXXVI

Ils étaient assis tous les quatre, Bosnia, Adem, Pauline et Valérie, silencieux au bord de la rivière Squatec, là où elle devient lac, une plage dessinée naturellement, une île en face où sont amarrés quelques canots, le silence conjugué de la forêt tout autour et de l'eau, de temps en temps, l'un ou l'autre disait un mot, une phrase pas plus, rythmée par le clapotis ou le bruit d'ailes d'une perdrix au fond des bois, ils étaient venus là, dans le Haut-Pays du Témiscouata, avaient, d'un commun accord et sans grande discussion, décidé de quitter le fleuve pour venir saluer le printemps et admirer les oiseaux migrateurs, oies blanches et outardes qui, en mai, faisaient la fête du ciel et de la lumière, on les entendait d'abord criailler vers le sud, puis on les apercevait par troupeaux, multitude filant au nord à toute volée ou bien s'apprêtant à atterrir pour se ravitailler avec des mouvements rodés depuis des siècles, mémorisés, comme les voies empruntées, d'une génération à l'autre, on se demandait bien comment et, chacun, au bord du lac, entrecoupait sa contemplation fascinée d'une tentative d'explication du phénomène, à partir de cette science des oiseaux qui leur échappait, car personne du groupe ne pouvait se piquer d'ornithologie, mais tous avaient succombé au charme sublime du spectacle, et à sa musique.

La semaine précédente, à la fin de la session universitaire d'Adem qui, somme toute, s'était très bien déroulée, voyant Cédric et son ami Jean-Philippe partir vers leur Gaspésie, après s'être acheté une petite voiture, une Echo rouge rutilante et sur invitation toujours chaleureuse de Pauline qui attendait *sa* Valérie pour tout le mois de mai, happés par le goût d'eau salée, de grands espaces et d'air pur, Bosnia et Adem s'étaient laissé porter vers les vacances, avaient descendu le fleuve, ce « chemin qui n'arrête pas de marcher tout seul vers la mer », ainsi qu'ils en avaient lu la traduction du micmac dans le livre *Nouvelle relation de la Gaspesie*, écrit au XVIIe siècle par Chrestien Leclercq*, ce temps de route ne serait-il pas propice à la mise au point de leurs plans d'été ? ce qui s'était clarifié dès l'aperçu du fleuve et de l'île d'Orléans, mais il avait fallu toute la durée de l'autoroute morne, entre Montréal et Québec – pourquoi n'avaient-ils pas choisi la 132 qui lui est parallèle, si belle ? leur avait dit Pauline après coup, mais ils ne le savaient pas –, il avait fallu ces deux longues heures et demie pour que se dissipe leur peine ressentie l'avant-veille à la lecture d'une lettre de Stefan et Sophie qui leur reprochaient « leur vie devenue trop facile » avec tout cet argent reçu d'Hannah et de Toscan et même, avant, de Milovan, et « d'avoir fui leurs responsabilités près des leurs, d'avoir tourné le dos à la France, pays des droits humains et de la liberté », plus la route avait défilé et plus leur tristesse s'était transformée en colère, ils avaient bien senti qu'ils mettraient des années à comprendre cette faculté qu'ont les humains d'envier le bonheur ou la réussite de leur prochain, de même que ce besoin de souffrir encore quand déjà on a eu mal, comme si le remède aux affres passées consistait à expier sans cesse ; mais, bientôt, la magnifi-

* Édition critique par Réal Ouellet, Montréal, Les Presses de l'Université de Montréal, coll. « Bibliothèque du Nouveau Monde », 1999.

cence du paysage avait transformé leur colère en compassion, « ils doivent avoir encore très mal pour nous faire de tels reproches », s'étaient-ils dit, tout en sachant qu'une franche conversation serait nécessaire entre eux quatre lors de leur séjour parisien en août, après le mois passé par Bosnia à Sarajevo alors qu'Adem s'en irait à La Haye pour un stage que son directeur de mémoire de maîtrise lui avait obtenu au Tribunal pénal international pour l'ex-Yougoslavie, oui, un entretien sérieux avec leurs amis, quitte à devoir faire le deuil de leur amitié.

Ainsi, sereins, étaient-ils arrivés chez Pauline et Valérie, la joie de se revoir était tangible, visible, audible, ils s'embrassaient, se jetaient dans les bras les uns des autres, se donnaient des becs à travers les rires qui fusaient, et les mots, de bienvenue ou d'arrivée, les nouvelles, tout défilait à grande vitesse pendant qu'on déchargeait les bagages, qu'on enlevait les blousons, les écharpes, tout le monde parlait en même temps, on captait l'essentiel, une bouteille de vin se débouchait et les verres se préparaient à trinquer, ce serait la fête, ce l'était déjà, les jeux de mots pleuvaient, Pauline disait qu'elle avait « l'âme country » ce soir, « c'est mon fado à moi, ma musique de fête et de nostalgie », Bosnia comprit que le country et le fado étaient des musiques proches, sur la même longueur d'onde, touchant les mêmes cordes intérieures, les mêmes fibres, plusieurs ne voyaient pas ce lien, ne l'entendaient pas, tout simplement, Valérie était aux fourneaux, elle avait fait *sa* casserole de poissons, avec le crabe des neiges qui venait d'arriver, on fêtait aussi le crabe, comme on fêterait le homard dans trois semaines, des événements ! c'était ce que Bosnia et Adem constataient, Pauline mit du country, elle disait « ce soir, je file Renée Martel et Patrick Norman », et elle fut loquace tout au long de cette soirée, mais ils le furent tous, à des degrés divers, Adem, depuis toujours, avait une humeur plus silencieuse, pas moins rieuse et, ce soir-là, il était drôle, hilarant même, pendant le repas et au fil des bouteilles de vin, ils tirèrent tous des plans sur la comète, se communiquèrent leurs projets, Pauline leur apprit qu'elle s'en irait passer deux mois en France, chez Hannah et Toscan, si la santé d'Hannah ne lui permettait pas encore ce long voyage qu'elle avait toujours aimé faire jusqu'ici, elle s'ennuyait de sa grande amie, « vous réalisez, les enfants, on a besoin l'une de l'autre depuis bientôt quarante ans, c'est quand même incroyable, quarante ans d'amitié sans faille, vous vous imaginez ? » et elle raconta dans les grandes lignes cette amitié, combien il y avait de lucidité dedans, et d'affection vraie, et combien Toscan ne s'était jamais immiscé entre elles, et combien, au fil des années, l'estime entre eux avait été le ciment de leurs liens, combien Hannah et aussi Toscan n'étaient pas dans la maladie de la vieillesse qui frappait tant d'humains de leur génération dont la plupart avaient un vertige halluciné face au grand âge, une peur terrible et un refus lamentable et que cela dérivait vers des chemins tordus, remplis de subterfuges et de pièges, combien cette maladie de la vieillesse cachait au fin fond une épouvantable frayeur de la mort qui s'en venait et, toujours au son du country nostalgique – elle avait une étonnante discothèque qui couvrait plusieurs époques, pays, cultures, genres –, elle leur lut l'extrait d'un texte qu'elle avait découpé dans le journal *Le Monde*, écrit par Éric Fottorino, en janvier dernier, « Oser l'espérance », elle était allée le chercher dans une chemise accordéon remplie de coupures de journaux : « *Espérer est un sentiment qui se suffit à lui-même. Espérer comme boire et manger : pour vivre, ou continuer à vivre malgré tout et malgré la mort qui rôde partout. S'autoriser un acte de foi sans dieu, seulement humain, avoir l'espoir de l'espoir, l'espoir qu'il reste de l'espoir, ici, ailleurs, quelque part.* »

Ce soir-là, qu'ils avaient prolongé jusqu'aux petites heures, mettant toutes sortes de musiques, au gré de chacun, il fut vite convenu du plan de l'escapade sur les hauteurs du Témiscouata : ils iraient jusqu'à Cabano, partiraient le surlendemain, passeraient la journée du lendemain à se reposer, faire des courses, une promenade et, le soir venu, à préparer le pique-nique, « qui ne serait pas rien, oh non ! pas rien, disait Pauline, vous verrez », il y aurait de tout et pour toute la journée, ils reviendraient tard le soir en empruntant la route du fleuve vers lequel ils descendraient vis-à-vis de Trois-Pistoles, en passant par Saint-Jean-de-Dieu. Mais, le surlendemain, s'arrêtant pour le repas du midi à Squatec, c'était trop beau et le temps trop clément, ils décidèrent de terminer là le voyage, verraient Cabano une autre fois, ils surent, dès la place de l'Église et leur arrêt dans ce bocage entre l'église et le presbytère et la rivière Squatec, que le temps passé là, tant il y avait à découvrir, *serait* leur voyage, avant de trouver un endroit où pique-niquer et observer les oiseaux migrateurs sur la petite plage naturelle face à la rivière qui ressemble à un lac, avec une île en face, alors qu'à la demande de Valérie, un passant, un vieux Squatécois, leur apprit que Escoateg était un mot d'origine micmaque ou malécite qui signifiait « la source d'une rivière » tellement il y avait de lacs tout autour, il les nomma tous, ils surent d'emblée, avant même d'aller s'installer pour le pique-nique, en entendant dans les arbres feuillus et les conifères la rivière couler fougueusement en bas et des centaines d'oiseaux de plusieurs espèces qu'ils ne connaissaient qu'à l'oreille, et Bosnia dit, subjuguée par ce qu'elle voyait là, ciel, bocage, rivière, église et presbytère, sis sur une place spacieuse en retrait de la route : « Qui sont tous ces oiseaux ? jamais, depuis la forêt sur les sept collines embrassant Sarajevo, je n'ai entendu autant d'espèces d'oiseaux, et de chants, d'où viennent-ils ? et comment ça se fait qu'on entende les mêmes en Bosnie-Herzégovine ? », personne ne répondit, chacun étant donné à la grâce du lieu. Puis Bosnia sut immédiatement, telle la révélation fulgurante qu'elle avait eue dans le maquis du combat, à la mort de son père bien-aimé Ismet, elle sut en une phrase, aussi vraie que l'est la vie ou que l'est la mort – et qu'elle dirait plus tard à Adem quand ils seraient seuls, et qu'elle écrirait à Hannah bientôt, mais aussi qu'elle chuchoterait à l'oreille de Mamouni quand elle la prendrait dans ses bras, à Sarajevo, dans sa grande chambre de l'appartement où elle vivait avec sa très chère amie Liliana, quand, comme petite, elle la serrerait contre elle et que Mamouni sourirait avec cet air de regarder, dubitative, la vie grande ouverte tout autour –, Bosnia sut cette phrase comme une évidence et la dit, tout bas, tout pour elle : « Je sais ce que je vais faire de ma vie, je vais écrire, et je vais écrire en premier un roman qui s'intitulera *Les oiseaux de Squatec.* »

Paris, octobre 2003 – Rimouski, février 2005

Table

CHOIX DE TITRES PARUS
DANS LA COLLECTION FICTIONS

Archambault, Gilles	*Stupeurs*
Baillie, Robert	*La nuit de la Saint-Basile*
Baillie, Robert	*Soir de danse à Varennes*
Baillie, Robert	*Les voyants*
Barcelo, François	*Agénor, Agénor, Agénor et Agénor*
Beausoleil, Claude	*Fort Sauvage*
Bédard, Jean	*La femme aux trois déserts*
Bédard, Jean	*Nicolas de Cues*
Bédard, Jean	*La valse des immortels*
Bélanger, Marcel	*La dérive et la chute*
Bélanger, Marcel	*Orf Effendi, chroniqueur*
Blondeau, Dominique	*Une île de rêves*
Boulerice, Jacques	*Débarcadères*
Boulerice, Jacques	*Le vêtement de jade*
Brossard, Nicole	*Baroque d'aube*
Brossard, Nicole	*Le désert mauve*
Charlebois, Jean	*Chambres de femmes*
Choquette, Gilbert	*Le cavalier polonais*
Chung, Ook	*Nouvelles orientales et désorientées*
Corbeil, Normand	*Un congé forcé*
Corbeil, Normand	*Voix*
Daigle, France	*La vraie vie*
Dandurand, Andrée	*Les chemins de la mer*
Dandurand, Andrée	*Sous la peau des arbres*
Desautels, Jacques	*La dame de Chypre*
Desautels, Jacques	*Rue des Érables*
Farhoud, Abla	*Le bonheur a la queue glissante*
Farhoud, Abla	*Le fou d'Omar*
Farhoud, Abla	*Splendide solitude*
Ferretti, Andrée	*L'été de la compassion*
Ferretti, Andrée	*Renaissance en Paganie*
Ferretti, Andrée	*La vie partisane*
Gardereau, Thibault	*Le livre d'un croque-mort*
Gobeil, Pierre	*Dessins et cartes du territoire*
Godin, Marcel	*Maude et les fantômes*
Gravel, Pierre	*La fin de l'Histoire*
Huot, Jean-Sébastien	*Le portrait craché de mon père*
Jobidon, Gilles	*L'âme frère*
Kattan, Naïm	*L'amour reconnu*
Kattan, Naïm	*La célébration*
La France, Micheline	*Le visage d'Antoine Rivière*
La France, Micheline	*Vol de vie*
Lalancette, Guy	*Un amour empoulaillé*
Lanseigne, Jean-François	*Orages*
Laurier, Anne	*Le crime inachevé*

Lazure, Jacques	*Le jardin froissé*
Lazure, Jacques	*Les oiseaux déguisés*
Letarte, Geneviève	*Souvent la nuit tu te réveilles*
Macé, Nicole	*Marie Carduner, Fille du Roy*
Macé, Nicole	*Voyage en terre inconnue*
Malenfant, Paul Chanel	*Des airs de famille*
Marcel, Jean	*Sous le signe du singe*
Marchand, Jacques	*Le premier mouvement*
Marchand, Jacques	*Les vents dominants*
Martel, Émile	*Humanité, nouvelle tentative*
Mercure, Luc	*Les saintes Marie de la mer*
Molin Vasseur, Annie	*Zéro un*
Monette, Madeleine	*Amandes et melon*
Monette, Madeleine	*La femme furieuse*
Ollivier, Émile	*Passages*
Ouellette, Gabriel-Pierre	*Les oriflammes noires*
Paul, Raymond	*La félicité*
Paul, Raymond	*Six visages de Charles*
Poissant, Isabelle	*La fabrication d'un meurtrier*
Racine, Rober	*Là-bas, tout près*
Racine, Rober	*Le mal de Vienne*
Saint-Martin, Lori	*Lettre imaginaire à la femme de mon amant*
Soderstorm, Mary	*L'autre ennemi*
Soderstorm, Mary	*Robert Nelson, le médecin rebelle*
Tétreau, François	*En solo dans l'appareil d'État*
Villemaire, Yolande	*Le dieu dansant*
Villemaire, Yolande	*Vava*
Zagolin, Bianca	*Les nomades*
Zumthor, Paul	*La fête des fous*
Zumthor, Paul	*La porte à côté*
Zumthor, Paul	*La traversée*

Cet ouvrage composé en Minion corps 12
a été achevé d'imprimer
le vingt-deux septembre deux mille cinq
sur les presses de Transcontinental
pour le compte de
VLB éditeur.

Imprimé au Québec (Canada)